KB233999

린6시그마(LSS)는
기업성과에 어떻게 영향을 미치는가?
글로벌 기업들의 이노베이션 스탠더드

비즈니스 6

린6시그마(LSS)는 기업성과에 어떻게 영향을 미치는가?

글로벌 기업들의 이노베이션 스탠더드

유선우 지음

머리말

기업환경은 효율경영을 추구하는 대량생산 방식의 산업화 시기를 거쳐 가치창조경영을 추구하는 디지털 혁명의 시대로 급속한 패러다임의 변화를 겪고 있다. 이러한 변화에 적응하기 위해 기업들은 다양한 혁신활동을 통하여 경영의 체질개선을 위한 노력을 기울이고 있으며, 특히 우리나라 기업들은 1990년대 중반부터 6시그마(Six Sigma) 경영혁신 활동을 활발하게 추진하여 왔다. 그러나 메모리 반도체의 집적도는 매년 2배로 증가한다는 '황의 법칙'이 의미하는 기술의 빠른 진화는 기업의 전략, 제품과 서비스 그리고 문화의 변화를 지속적으로 필요로 하고 있다. 이에 따라 최근 6시그마 활동을 통해 완성된 고품질의 제품과 서비스를 고객이 원하는 때에 더욱 빠르게 전달하고자 하는 노력으로 린(Lean) 방식의 활용이 증가하고 있다. 6시그마와 린의 통합 활용은 '린6시그마(Lean Six Sigma, LSS)'라는 새로운 용어를 만들어냈으며, 각각의 두 방식이 갖는 장점을 결합하여 더 강력한 경영개선 도구로 활용되고 있다.

6시그마는 고객의 핵심요구사항을 파악하고 데이터를 기반으로 프로세스의 변동을 최소화하여 고품질의 제품과 서비스를 제공하는 것을 특징으로 한다. 린 방식은 가치 흐름상의 낭비를 제거하여 고객의 수요에 대한 유연성의 확보와 프로세스 효율성을 향상하는 것을 특징으로 한다. 두 방식의 특징은 프로세스 관점에서 각각 품질 향상과 효율성의 추구라는 차이를 갖지만, 한편으로 품질비용(Cost of Quality)의 절감과 재고비용 등의 원가절감을 추구하는 공통점을 갖는다. 또 다른 공통점으로 6시그마는 고객에게 고품질의 제품과 서비스를 제공하는 것을 목표로 하고 린 방식은 고객에게 필요한 것을 필요한 때에 필요한 만큼 제공하는 것을 목표로 하는 데서 고객의 가치 향상이라는 공통의 목표를 추구한다는 것이며, 또한 지속적인 개선활동을 기반으로 한다는 것이다. 이러한 공통점들이 두 방식의 통합활용을 용이하게 하는 요인이라고 볼 수 있다.

린 방식은 일본 도요타 생산방식(Toyota Production System)을 기반으로 하며, 6시그마는 미국 모토로라(Motorola)의 품질혁신전략을 기반으로 한다. 그러나 세계화의 가속화는 기업들의 경영혁신기법 적용에도 예외가 아니어서 각각의 장점을 갖는 혁신기법들을 벤치마킹하고 자사의 특성에 맞추어 실행함으로써, 통합된 경영혁신을 새로운 경쟁우위 요소로 개발하는 전략이 일반화되고 있다. 6시그마의 경우 미국

포춘(Fortune) 500대 기업의 40% 이상이 활용하고 있으며, 온라인 백과사전인 위키피디아(Wikipedia)에 검색되는 6시그마 기업(Six Sigma Company)들이 북미, 유럽, 아시아 등 국적을 가리지 않고 소개되어 있는 것은 6시그마의 효과가 세계적으로 검증되었다는 것을 보여주고 있다. 또한 6시그마의 활용에 린 방식의 개선기법을 적용하는 것은 가치 활동의 성과 향상이나 비부가가치 활동의 제거 등 다양한 유형의 문제 해결을 위하여 자연스러운 현상으로 볼 수 있다. 따라서 린6시그마는 이제 글로벌 기업들의 이노베이션 스탠더드(Innovation Standard)로 인식할 수 있는 것이다.

이 책은 린 방식과 6시그마의 기존 이론들을 바탕으로 린6시그마의 올바른 이해를 돕는 데 초점을 맞추었다. 또한 필자가 지난 수년간 다양한 산업에 속한 기업들을 대상으로 6시그마와 린 방식을 적용한 성과개선 컨설팅 경험과 함께 강연을 하면서 만난 다양한 경영혁신활동 전문가들의 의견을 바탕으로 실무적인 관점을 더함으로써, 린6시그마의 이론과 실제를 균형적으로 다루었다. 한편, 그동안 다양한 조직에서 6시그마의 활용이 활발하게 진행됨에 따라 이와 관련된 연구 또한 많이 수행되어 왔다. 그러나 린6시그마에 대한 연구는 아직 그 활용이 초기 단계로 실증연구는 거의 찾아보기 어려운 실정이다. 이에 필자가 기업에서 실질적으로 린6시그마를 추진하는 리더들을 대상으로 조사한 린6시

그마의 성과에 관한 실증연구 결과를 제3부에서 소개하였
다. 이는 린 방식과 6시그마의 성과에 관심있는 독자들과
함께 관련 연구자들에게도 참고가 될 것으로 본다.

  끝으로 이 책의 출간을 제안해 주신 한국학술정보(주)의
권성용 선생님과 연구에 대한 지도를 해 주신 단국대학교
경영학부 안영진 교수님 그리고 린6시그마 실행에 관련된
실무적인 조언을 아끼지 않으신 한국생산성본부 박종민 센
터장님께 특별히 감사드린다.

2009년 8월
유 선 우

CONTENTS

글로벌 기업들의 혁신전략

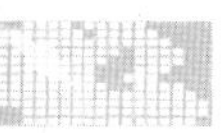 **제1장** 도요타 생산방식(TPS)

　도요타 생산방식(Toyota Production System, TPS)은 도요다 가문의 일관된 리더십을 통해 탄생하였다. 또한 리더들의 솔선수범하는 리더십을 바탕으로 목표를 달성하기 위한 끊임없는 노력을 통해 구체화되었다.

1) TPS의 탄생배경

　도요타 생산방식(Toyota Production System, 이하 TPS)은 도요타자동차가 생산시스템에 적용한 독특한 방식을 지칭하는 것으로서 창업자인 사키치 도요다로부터 이어진 도요다 가문의 일관된 리더십을 바탕으로 이루어진 철학을 기반으로 한다. 직기 개발로 사업을 시작한 사키치는 스스로 위대한 엔지니어이자 발명가로서 자동 방직기의 개발을 주도하였으며 실이 끊길 때마다 직기를 자동적으로 멈추는 개념을 적용하였다. 이는 지도카(Jidoka)라 불리는 시스템으로 TPS의 두 가지 중요한 축 중의 하나이다. 이렇게 사키치는 지속적으로 개선하고자 하는 열정을 바탕으로 일에 대한 철학적 기반을 만들었으며, 또한 미래를 준비하는 뛰어난 감각으로 자동차의 대중화 시대를 예견하고 그의 아들 기이치로에게 자동차 사업 임무를 맡겼다. 기이치로는 그의 아버지인 사키치의 철학과 경영 방식을 이어받아 도요타자동차를 설립하였으며 여기에 이노베이션의 개념을 추가하여 또 다른 TPS의 중요한 축인 JIT(Just－in－time)시스템을 구축하였다.

1930년대 단순한 기술로 자동차를 제조하고 있던 도요타자동차는 대량생산 방식의 필요성을 절감하고 미국 자동차 회사들을 벤치마킹하였다. 그러나 자본이 부족하고 또한 시장규모가 작은 일본에서 미국의 대량생산 방식을 그대로 적용하는 것은 한계가 있었으며 높은 품질, 저비용, 짧은 리드타임과 생산의 유연성을 동시에 달성할 수 있는 새로운 방식의 필요성이 대두되었다. 도요타자동차의 회장을 역임한 에이지 도요다와 관리자들은 1950년 미국 공장의 벤치마킹을 하면서 대량생산 프로세스에서 나타나는 낭비적인 요소들을 발굴하고 이를 보완할 수 있는 방법으로, 고객 수요에 따라 유연하게 바뀌고 동시에 효율적인 일체형 흐름시스템을 개발하였다. 이는 풀(Pull) 시스템을 기반으로 하고 있으며 생산 프로세스의 단계에서 부품이 보충될 필요가 있을 때를 알려주는 간판(Kanban)시스템을 창조하였다.

TPS는 도요다 가문의 일관된 리더십을 통해 탄생하였다. 그것은 솔선수범하는 리더십을 바탕으로 목표를 달성하기 위한 끊임없는 노력을 통해 구체화되었다. 도요타는 제2차 세계대전을 겪으면서 나타난 어려운 경영환경을 창조적 정신과 용기를 가지고 문제를 해결해 나갔으며 오늘날의 TPS로 발전시켰다.

2) TPS의 핵심개념

TPS를 지탱하는 중요한 개념은 JIT(Just − in − time)와 지도카(Jidoka)이다. 이는 사람 중심의 지속적인 개선활동을 추구하는 카이젠(Kaizen)을 통해 추구된다. 이러한 TPS의 핵심개념에 대한 이론을 상세하게 기록하지 않고도 도요타는 개선을 현장에서 매일같이 수십 년간 잘 진행해 오고 있다. 이것은 TPS가 단순한 개선도구가 아니라 하나의 집과 같은 구조를 갖는 시스템으로 이루어졌기 때문에 가능한 것이다. TPS를 구체화한 다이치 오노의 제자로서 도요타자동차의 사장을 지낸 후지오 조는 〈그림 1 − 1〉과 같이 '도요타 생산방식 집' 다이어그램을 개발하였다.

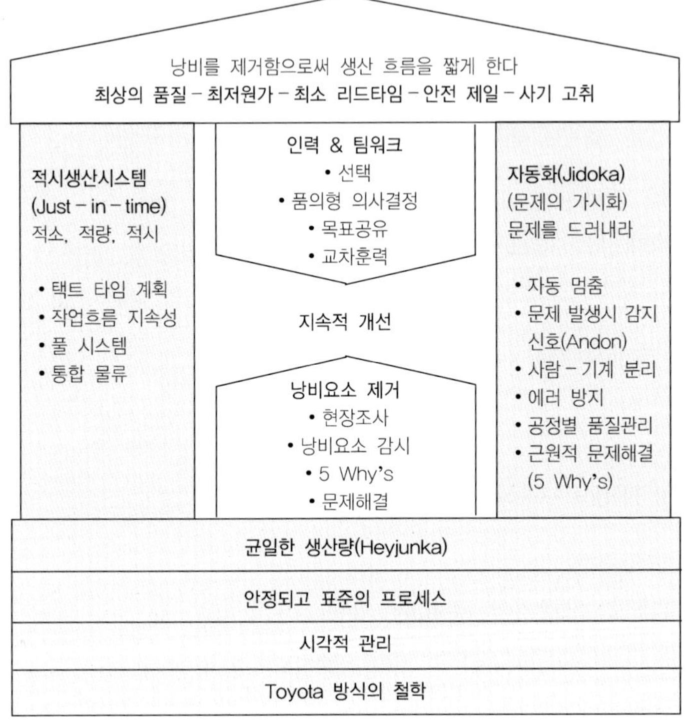

출처: 라이커(2005).

TPS는 유연생산방식의 JIT와 다음 공정으로 결함을 넘기지 않고 사람을 기계로부터 분리하는 지도카를 양대 축으로 하여 최고의 품질, 최저 비용, 가장 짧은 리드타임을 추구한다. 이를 위해서는 표준화되고 안정적이며 신뢰할 수 있는 프로세스와 생산스케줄의 평준화를 의미하는 헤이준

카(Heyjunka)와 같은 토대를 필요로 한다. 헤이준카는 생산량과 제품 구성에 있어서 생산의 균일화를 만들어 내는 것으로서 변화의 폭이 큰 고객 주문의 실제 흐름에 따라 제품을 생산하는 것이 아니라 일정기간 총 주문량을 받아 기간과 생산량을 균일화시켜 매일 같은 양의 제품을 생산할 수 있도록 처리하는 방식을 의미한다. 또한 시스템이 끊임없이 멈추지 않고 지속적인 안정성을 유지하기 위하여 사람을 중심으로 한 지속적인 개선활동을 추구한다. 도요타 생산방식은 JIT, 5S(Seiri, Seiton, Seisoh, Seiketsu, Shitsuke), 간판 등과 같은 단순한 도구의 집합이 아니라 모든 부분이 전체에 기여하는 사람 중심의 정교한 생산시스템이다.

(1) 저스트 인 타임(Just-In-Time, JIT)

JIT는 Just in time을 의미하는 말로서 이를 직역하면 '시간에 맞추다'이다. 이 'Just in time'은 '필요한 것을 필요한 때에, 필요한 만큼' 각 공정이 공급을 받는 것으로 되어 있지만 만약 'Just in time'을 좁은 뜻으로 해석하면 다음과 같다. 즉 '시간적인 조건, 필요한 때'만으로 규정하고 있고 '필요한 것'이나 '필요한 만큼'의 규정은 아니라는 것이 된다(신고, 1992). 그러나 단지 빨리 만드는 것은 과잉생산에 의한 재고를 양산할 수 있으며 불필요한 재고를 낭비로 인식하는 TPS에서 JIT는 '정확히 필요한 때에 필요한 것을 필요한 만큼 공급한다'는 것을 강조하는 것이다.

TPS가 갖는 유연성을 대표하는 이러한 JIT의 개념은 미국의 대량생산 방식과는 달리 일본 내수시장에서의 제한된 수요와 다양한 모델을 생산하는 다품종 소량의 생산조건을 극복하기 위한 도전에서 출발하였다. 또한 최소의 원가목표 달성을 위하여 물자의 낭비를 제거하는 것이 필요하였으며 1인 다공정 체제하에서 재공 재고의 발생을 해결하는 것이 필요하였다. 이를 위하여 물자의 보관이나 운반에 있어서도 작업표준을 만들어 가공작업과 동일한 수준의 관리를 하였고 나아가 공장 안에서는 물론 공장 간의 운반과 보관에도 표준작업 방식을 도입하였다. 이러한 동기로 태어난 것이 '간판(Kanban)'이며 이는 공정흐름 과정에 물자 낭비 유발 원인의 대표격인 '재공 재고' 제거와 뒤 공정의 대기를 없애기 위해 착안한 것으로, 보관상태의 관리역할을 하는 '현품표'라는 간판과 운반지시의 역할을 하는 '후공정 인출'이라는 간판이 대표적으로 사용되었다(정일구, 2007). 간판의 역할이 공정흐름의 지연을 방지하는 효과를 발휘하자 다양한 용도의 간판형식이 탄생하였다. 그리고 공장 안과 공장 간의 적용을 뛰어넘어 점차 협력사와의 조달과정에까지 적극적으로 확대 적용하는 '간판시스템'이 완성되었으며, 이는 JIT를 달성해 나가는 중요한 수단이 되었다.

(2) 지도카(Jidoka)

지도카는 자동화를 의미한다. 그러나 이는 일반적인 관점의 자동화(自動化, Automation)와는 전혀 다른 의미인 'Auto stop'의 개념이다. 이는 기계설비의 이상 상태를 자동으로 감지해 스스로 정지하는 기능의 의미로 움직일 '동(動)'에 사람 '인(人)'변을 붙여 자동화라 불렀다. 지도카의 개념은 노동생산성 향상을 위하여 가능한 범위 내에서 작업자의 비효율 요소를 줄이고 기계설비의 가동률을 높여 노동생산성과 설비생산성을 높이고자 했던 노력의 결과물이다. 이는 도요타 부품공장 내부에서 생산성 향상을 위하여 작업자 1명이 1대의 기계를 담당했던 조건을 2대의 기계를 담당하는 방식으로 바꿔 보는 데서 출발하였다. 작업자가 가공 자체에 더 많은 집중을 하기 위해서는 가공하는 기계에 작업자의 도움이 필요한 때를 알려주는 기능이 필요하였다. 기계 자체 또는 가공물 상태의 이상을 감지하여 스스로 정지하거나 가공이 완료된 가공물을 다음 장소로 자동으로 이송시켜 주는 자동화 기술의 적용을 통해 인간과 기계를 분리하고자 하는 개념이 바로 지도카이다.

이것은 도요타가 작업자 중심으로 생산성 향상을 추구하는 소인화(小人化) 방식의 토대가 된다. 지도카를 통하여 1인 복수의 기계를 운용할 수 있는 체제가 되자 작업장과 작업장 간의 흐름을 원활하게 하기 위하여 가공 순서대로 해당 기계들을 가지런히 배치하여 여러 개의 연속공정라인의 배치를 통해 중간 재고를 없애고 흐름을 원활하게 하는 정류화(整流化)의 논리가 만들어졌다. 또한 1인 다기능 작업 체제하에서 생산성 향상을 위하여 작업자를 최소화하고 작업장 면적도 줄일 수 있는 'U자 라인'이 적용되었으며 하나의 제품을 최소의 인원으로 최대의 효율을 발휘하며 작업하는 '자기완결형 생산' 형태의 개념인 '셀(Cell) 생산방식'이 탄생하였다. 이렇게 지도카의 개념으로부터 생산라인의 효율성이 높아지자 작업자의 동작에 걸리는 시간을 변동 없이 표준화할 필요성이 대두되었으며 표준작업의 개념이 만들어졌다. 표준작업이란 기계와 작업자를 결합시키는 개념이 아니라 거꾸로 기계와 작업자를 분리시켜 각각의 기능을 최대로 발휘시키는 설계 개념으로서 작업자 중심으로 작업조건을 만들어 나가기 위한 방식이다.

(3) 카이젠(Kaizen)

카이젠은 지속적 개선에 대한 일본 용어로서 크든 작든 지속적으로 개선을 창출하는 프로세스이며 가치의 추구 없이 비용만 추가되는 모든 낭비를 제거해 나가는 활동을 의미한다. 이는 미국 품질관리의 선구자인 데밍이 제시한 데밍 사이클을 기초로 한다. 데밍 사이클이란 계획(Plan) – 실행(Do) – 검토(Check) – 행동(Act)으로 이어지는 고리이다. "다음 프로세스는 고객이다"라는 데밍의 원칙은 JIT를 위한 풀(Pull) 시스템에서 앞의 프로세스는 항상 뒤의 프로세스가 요구하는 것을 작업해야 한다는 개념과 유사한 의미를 가지며 JIT를 실현하는 핵심 원리로서 영향을 주었다. 데밍 사이클은 개선을 위한 문제해결에 체계적인 접근방법을 지원하는 개념이 되었으며 이를 바탕으로 하는 카이젠은 완전함을 얻으려고 노력하고, 매일 도요타 생산방식을 유지하는 총체적인 철학이라고 할 수 있다.

3) TPS의 핵심원리

TPS의 적용은 고객의 관점에서 생산 프로세스를 검토하는 것으로부터 출발한다. 고객이란 생산라인의 다음 단계에 존재하는 내부고객과 최종단계에 존재하는 외부고객으로 구분된다. 가치는 고객의 요구사항으로부터 결정되며 고객의 눈을 통하여 부가가치 활동과 비부가가치 활동으로 구분될 수 있다. 이는 제조 부문 또는 서비스 부문의 모든 프로세스에 적용할 수 있다. 도요타의 생산성 향상을 위한 핵심원리는 고객의 관점에서 비부가가치 활동인 '낭비(waste)'

를 정의하고 이를 원천적으로 배제하거나 감소시키는 것이다. TPS는 종종 '마른 수건에서 또 물을 짜내는 방식'이라고 평가받는 경우가 있다. 즉 보통의 공장에서 그것은 당연한 일이라고 생각하고 있는 일에서 다시 낭비를 발견해 낸다는 것이다.

도요타는 모든 사원들에게 원가를 내리는 활동에 참여할 것을 요구하되 원가 저감 목표를 제시한 이후로는 원가라는 말을 입 밖에 내지 않는다. 원가를 오르게 하거나 더 이상 내려가지 않는 결과의 원인은 오로지 업무 가운데 낭비가 존재한다고 인식하기 때문에 낭비를 제거하거나 배제하는 활동에 집중한다. 즉 '원가를 줄이자'라고 하지 않고 '낭비를 줄이자'라는 말을 한다. 작업자가 줄이는 실체의 대상은 낭비이기 때문이다(정일구, 2007).

(1) 작업의 구분

TPS에서는 다음과 같이 현장작업을 세밀히 관찰하면 작업자의 '헛수고와 작업'으로 구분할 수 있다(신고, 1992).

① 헛수고

몇 번이나 되풀이해도 작업과정에서 아무런 도움도 되지 않는 것이다. 따라서 즉시 줄여 나가지 않으면 안 되는 것이다. 예를 들면 대기, 중간제품의 누적, 두 번 운반하는 수고, 교환 등이다.

② 작업

여기에는 두 가지가 있다. 첫 번째는 부가가치가 없는 작업, 두 번째는 부가가치를 높이는 작업이다.

(2) 낭비(Waste)의 유형

앞에서 이야기하는 헛수고, 즉 비부가가치 활동의 낭비에 대하여 도요타는 7가지 유형을 정의하고 있으며 이는 생산 라인뿐만 아니라 제품개발과 주문 접수, 사무실에도 적용할 수 있다. 도요타가 정의하는 낭비의 유형은 다음과 같다.

① 과잉 생산

주문하지 않은 품목을 생산하므로 필요 이상의 작업자가 있어야 하고 재고가 초과하여 저장과 운송에 낭비가 발생하는 것이다.

② 작업 대기

단지 자동화된 기계를 지켜보고 있을 뿐이거나, 다음 단계 공정, 도구, 공급, 부품 등을 기다리며 서 있을 뿐이거나, 또는 재고부족, 작업 지연, 장비 고장시긴과 생산능력 병목 현상 때문에 빈둥거리는 것이다.

③ 불필요한 수송 또는 운반

재공품을 장거리 운송하고, 비능률적인 수송업무를 만들거나, 자재나 부품 또는 완제품을 공정 간이나 창고에 입고 출고하는 것이다.

④ 과도한 공정처리 혹은 부정확한 공정

부품을 가공하기 위해 필요하지 않은 단계를 유발하는 것이다. 조잡한 도구와 디자인으로 인해 비효율적으로 가공하면서, 불량품을 생산하고 불필요한 동작을 초래하는 것이다. 낭비는 필요 이상의 고품질의 제품을 제공할 때도 발생한다.

⑤ 과잉 재고

긴 리드타임, 파손품, 수송 및 창고비용, 지연을 초래하는 과잉 완제품, 과잉 원재료, 과잉 재공품 등을 말한다. 또한 과잉 재고는 생산 불균형, 부품업체로부터의 인도 지연, 결함, 장비 고장시간과 긴 준비시간 등의 문제를 숨겨 보이지 않게 한다.

⑥ 불필요한 동작

부품, 도구 등을 찾거나, 손을 뻗거나, 쌓는 것 같은 행위가 작업자의 모든 소모적인 동작이다. 또한 걷는 것도 낭비이다.

⑦ 결함

결함 부품 생산 또는 수리 과정이다. 수선, 재작업, 폐기, 교체 생산과 검사는 낭비적 업무이며, 낭비적 시간과 노력을 의미한다.

이상과 같은 7가지 낭비 유형에 최근에는 한 가지를 추가하고 있는데, 이는 '활용되지 못하는 종업원의 창의성'이다. 종업원의 소리와 요청에 귀를 기울이지 않거나 응하지 아니함으로 발생하는 시간, 아이디어, 역량 및 개선 기회의 상실이 여기에 해당된다(라이커 등, 2007).

# 제2장 린 엔터프라이즈

미국은 도요타 생산방식의 기본 원리에 미국식 전개방법을 더해 생산 분야에서 활용하면서 린 방식(Lean System)이라 불렀는데, 이는 미 항공산업에 전반적으로 적용되면서 린 엔터프라이즈(Lean Enterprise)의 개념으로 발전되었다.

1) 린 방식의 원리

린(Lean)의 개념은 TPS로부터 시작되었다. 린 방식은 1990년대 MIT의 워맥 등(1990)이 자동차 산업 경쟁력 확보 방안의 연구를 기초로 한 베스트셀러 '세계를 바꾼 기계(The Machine That Changed the World)'를 통하여 도요타가 공급사슬에서 스피드에 초점을 둠으로써 수십 년 전부터 학습해 온 것들을 발견하여 '린 생산(Lean production)'이라는 용어를 사용한 데서 기원을 찾을 수 있다. 여기에서 일본의 제조 경쟁력을 분석하면서 TPS를 "일체의 낭비를 허용하지 않는 군살 없는 린 방식"이라고 정의했다. 또한 그들은 다음과 같이 린 방식의 적용을 위한 5가지 린 사고(Lean Thinking)의 원리를 제시하였다.

(1) 가치 규명

기업의 프로세스에서 이루어지는 활동은 부가가치를 만드는 활동, 부가가치를 만들지 못하는 활동, 부가가치를 만들지는 못하지만 기업에 필요한 활동 등 세 가지로 구분될 수 있으며 부가가치를 만드는 활동을 규명하는 것이 린 방식을 적용하는 첫걸음이 된다. 이를 통하여 모든 낭비를 확인할 수 있게 된다.

(2) 가치흐름 분석

특정 제품이나 서비스를 제공하기 위한 모든 기업활동에 대한 가치흐름을 분석한다. 기업은 고객에게 가치를 전달하기 위하여 주요한 과업을 수행하게 되는데 이것은 문제해결 과업, 정보관리 과업, 물리적 변환 과업으로 구분된다. 문제해결 과업은 일상적인 문제가 발생하였을 때 이를 해결해 나가는 팀 활동과 같은 것이며 정보관리 과업은 주문 시 발생하는 다양한 정보처리 작업을 의미하고, 물리적 변화과업은 자재에서 완제품으로 변화하는 생산활동의 과업을 지칭한다. 이러한 가치의 흐름을 분석함으로써 실질적인 낭비요소를 발굴해 낼 수 있다.

(3) 흐름 방식의 구축

가치를 규명하고 낭비를 제거한 후에는 '흐름화'를 만든다. 흐름화는 불량의 발견을 쉽게 해 주고 리드타임이 줄어들기 때문에 유연성을 확보할 수 있으며 공정 재고를 줄여 공간의 효율화를 도모할 수 있다.

(4) 풀 방식의 구축

모든 가치는 프로세스의 산출물을 사용하는 고객으로부터 그 이전 단계를 끌어당기는 방식으로 구현되어야 한다는 것이다. 이는 앞 공정에서 만든 가치를 후속공정으로 일방적으로 밀어붙이는 '밀어내기(Push)' 방식이 아니라 뒤 공정이 필요로 하는 가치를 앞 공정으로부터 당겨서 가져온다는 '당기기(Pull)' 방식을 말한다.

(5) 완벽함을 추구

고객이 원하는 제품이나 서비스 제공을 위해서 끊임없이

완벽성을 추구하는 것을 말한다. 이를 위해서는 수직관계의 협력회사들과의 정보공유 및 신뢰를 바탕으로 한 공동의 노력이 중요하다.

워맥 등(1990)은 경쟁사보다 더 경쟁력 있는 자동차 회사의 경우 생산과정에서 1/3의 불량품, 1/2의 공장 내 공간, 1/2의 노동력으로 도요타 생산방식과 비슷한 제조능력을 가지게 된다고 검증했다. 이후 미국은 도요타 생산방식의 기본 원리에 미국식 전개방법을 더해 생산 분야에서 활용하면서 린 방식이라 불렀는데, 이는 미 항공산업에 전반적으로 적용되면서 린 엔터프라이즈의 개념으로 발전되었다.

2) 린 엔터프라이즈 개념

엔터프라이즈(Enterprise)는 '전사적'이라는 용어로 해석된다. 린 엔터프라이즈는 린 방식에서의 린 개념을 전사 차원으로 확대하여 기업의 운영전략으로 자리매김한 것으로 정의할 수 있다. 린 원리를 경영에 적용할 때는 〈그림 1-2〉와 같은 세 가지 관점이 고려되어야 한다.

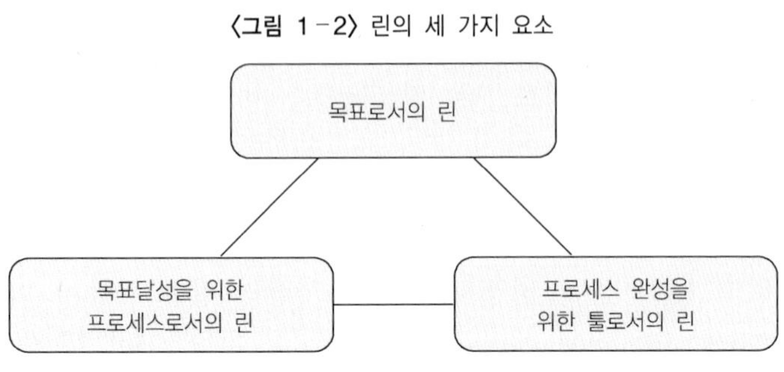

출처: 양종곤 등(2004).

린 방식의 적용은 단순히 린 도구만의 적용이 아니라 명확한 목표와 나아가 비전이 제시되어야 할 것이며, 이러한 전략과 도구를 연결하는 프로세스가 필요할 것이다. 이러한 요소들은 균형 있는 관점에서 검토되어야 하며, 린 엔터프라이즈의 적용은 크게 전략적 의미와 운영적 의미의 두 가지로 구분할 수 있다. 전략적 의미로서의 린 엔터프라이즈는 고객 중심의 전략적 사고 지향과 기업 가치 사슬의 모든 린 사고를 말한다. 운영적 관점에서의 린 엔터프라이즈는 기존의 린 생산방식에서 말하는 현장에서의 린 기법 중심을 말한다(양종곤 등, 2004).

린 실행의 궁극적인 목표는 낭비의 제거이다. 철저하게 불필요한 낭비들을 제거하여 프로세스의 유연성을 확보하고 생산성을 향상시키는 린 엔터프라이즈의 적용은 전략적 관점에서 기업의 경쟁우위를 위한 전략이 될 수 있다. 또한 운영적 관점에서 린 도구들을 활용한 카이젠(Kaizen) 활동을 통하여 종업원들의 창의성을 촉진하고 이는 전략을 실행하는 수단이 될 수 있다.

3) 린 엔터프라이즈 모델(Lean Enterprise Model, LEM)

린 엔터프라이즈 모델은 LAI(Lean Aerospace Initiative)에 의해 1996년 제시되었다. LAI는 대량생산 체제하의 자동차 산업에 적용된 린 생산 개념을 다품종 소량 생산체제를 갖는 항공산업에 적용하기 위하여 미국의 항공산업, 미 공군, MIT 등이 참여하는 컨소시엄을 지칭한다. LAI에서 제공하는 LEM은 린 도구를 항공산업에 적용하려는 기업에 베스트 프랙티스와 아이디어, 도구들을 제공한다. 린 엔터프라이즈는 린 원리, 기법, 운영방법들을 사용하여 다양한 이해당사자들에게 효율적으로 가치를 창출시키는 통합된 개념이다.

4) 린 엔터프라이즈 로드맵(Transition－To－Lean, TTL)

1999년 LAI에서는 린 엔터프라이즈를 달성할 수 있는 로드맵인 TTL(Transition - To - Lean)을 제시하였다. TTL은 린의 전사적 도입 결정 이후 Entry/Reentry 사이클, 장기 사이클, 단기 사이클의 단계와 주요 활동내용을 정의하고 있다. 〈그림 1-3〉은 TTL 로드맵을 나타낸다.

〈그림 1-3〉 TTL 로드맵

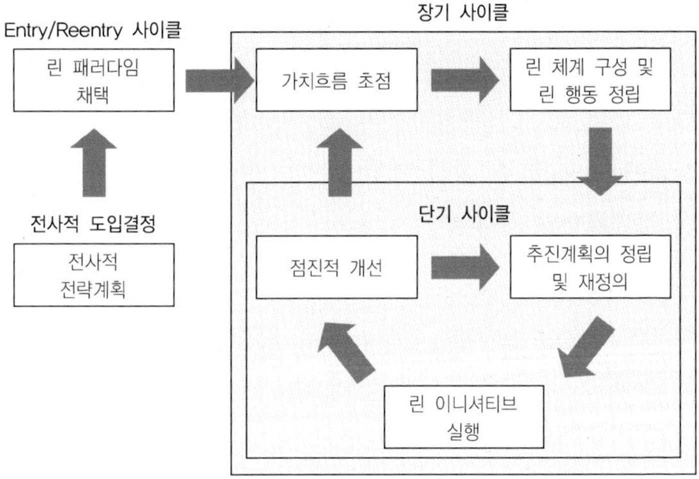

출처: MIT(2000).

(1) Entry/Reentry 사이클

Entry/Reentry 사이클은 기업이 린 패러다임으로의 변화를 채택하기 위한 전략적 의사결정과 관련된 것이며, 전사적 전략계획의 수립과 린 패러다임의 채택 단계로 구성된

다. 각각의 단계에 필요한 주요활동 내용은 〈표 1-1〉과
같다.

〈표 1-1〉 Entry/Reentry 사이클 활동

사이클	단계	주요 활동
Entry/Reentry	전사적 전략계획 수립	• 계획 수립
	린 패러다임 채택	• 비전 정립 • 위기의식 인식 • 최고 경영층의 지지 및 참여 • 린 학습 고취 • 위기의식 인식

(2) 장기 사이클

장기 사이클은 린 환경조성을 위한 인프라를 구축하는
단계이며 상세계획이나 실행을 위한 전 단계로서 가치흐름
에 초점, 린 체계 구성 및 행동정립 단계로 구성되어 있다.
각 단계별 주요활동 내용은 〈표 1-2〉와 같다.

〈표 1-2〉 장기 사이클 활동

사이클	단계	주요 활동
장기 사이클	가치흐름에 초점	• 가치흐름 매핑 • 비전 공유화 • 목표 및 측정지표 정리 • 핵심 이해관계자 규명 및 참여 유도
	린 체계 구성 및 행동정립	• 린 실행을 위한 조직화 • 관리자 선택 및 권한 위임 • 인센티브제도 도입 • 구조 및 시스템 변경

(3) 단기 사이클

단기 사이클은 실제적으로 린 환경으로 전환하는 활동을 포함하는 단계이며 상세한 린 엔터프라이즈 실행계획에 해당하는 사이클로서 실행 활동을 감시하고 수정하는 것을 포함한다. 이는 추진계획의 정립 및 재정의, 린 이니셔티브 실행, 점진적 개선의 단계로 구성되며 각각의 단계별 세부 활동 내용은 〈표 1-3〉과 같다.

〈표 1-3〉 단기 사이클 활동

사이클	단계	주요 활동
단기 사이클	추진계획의 정립 및 재정의	● 활동 규명 및 우선순위화 ● 자원 할당 ● 교육 및 훈련 제공
	린 이니셔티브 실행	● 상세 계획 수립 ● 린 활동 실행
	점진적 개선	● 린 발전에 대한 모니터 ● 프로세스 발전 ● 계획의 수정 및 정련 ● 새로운 지식 습득 및 채택

5) 린 엔터프라이즈 진단도구(Lean Enterprise Self-Assessment Tool, LESAT)

LAI는 린 엔터프라이즈 진단을 위한 측정도구로 LESAT

를 개발하였다. 이는 린 엔터프라이즈 준비 정도 및 실제 린 엔터프라이즈 구축에 대한 성숙 정도를 측정할 수 있는 지표를 제공한다. LESAT는 〈그림 1-4〉와 같이 크게 3가지 영역으로 구분되며 전체적으로 54개의 세부항목 평가를 통해 린 수준을 측정한다.

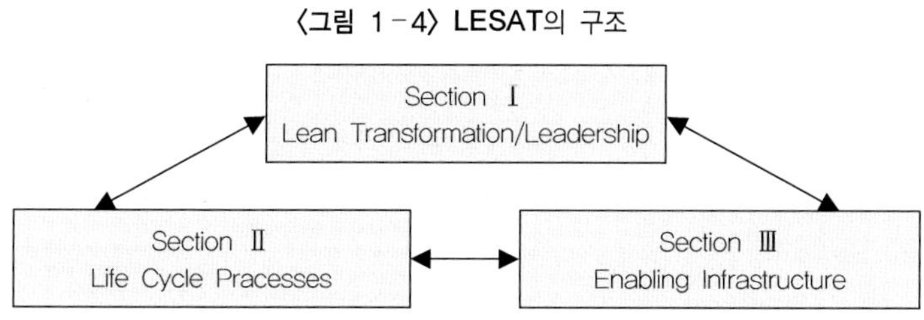

〈그림 1-4〉 LESAT의 구조

출처: MIT & University of Warwick(2001).

LESAT의 Section Ⅰ은 린 전환과 리더십에 대한 영역이며 7개 분야의 28개 세부 측정항목으로 구성된다. Section Ⅱ의 라이프 사이클 프로세스 영역은 기업에 이익을 창출하는 활동에 초점을 맞추어 6개 분야의 18개 세부 측정항목으로 구성된다. Section Ⅲ은 인프라 구축 영역으로서 2개 분야의 8개 세부 측정항목으로 구성된다. LESAT의 각 영역별 평가 분야는 〈표 1-4〉와 같다.

<표 1-4> LESAT의 영역별 측정분야

영역	측정분야
Section Ⅰ. 린 전환과 리더십	• 엔터프라이즈 전략계획 • 린 패러다임 채택 • 가치흐름 초점 • 린 체계와 행동양식 개발 • 실행계획 개발 • 린 프로그램 실행 • 끊임없는 개선
Section Ⅱ. 라이프 사이클 프로세스	• 사업 확장 및 프로그램 운영 • 요구사항 정의 • 제품과 프로세스 개발 • 공급사슬 관리 • 제품 생산 • 유통 및 서비스 제품
Section Ⅲ. 린 인프라	• 린 조직 실행 인프라 • 린 프로세스 인프라

6) 린 엔터프라이즈 특징

TPS는 철저한 낭비의 제거라는 핵심원리를 바탕으로 JIT 를 추구하는 생산방식으로 오랜 기간을 통하여 구축된 도요타 고유의 독특한 문화를 기반으로 한다. 린 엔터프라이즈는 린의 원리를 전사적으로 추진하기 위한 개념으로 린 엔터프라이즈 모델(LEM), 린 엔터프라이즈 로드맵(TTL), 린 엔터프라이즈 진단도구(LESAT) 등을 통하여 체계적이고 구체적인 접근방법을 제시하고 있다. 이와 같이 TPS를 연구하여 미국식으로 재해석된 린 엔터프라이즈는 TPS와 다른 몇 가지 특징을 나타내는데 이를 정리하면 〈표 1-5〉와 같다.

〈표 1-5〉 도요타 생산방식과 린 엔터프라이즈의 특징

구분	도요타 생산방식(TPS)	린 엔터프라이즈
기원	Toyota자동차(오노)	Toyota + MIT(1993년)
추진 로드맵	비공식화	공식화된 로드맵
적용 분야	자동차 산업의 생산현장	자동차 이외 항공산업 및 제조 분야
성숙도 측정 툴	존재하지 않음	Lean Assessment Tool
챔피언 교육과정	단발성 교육과 견학	체계적인 교육과정
6시그마와의 통합성	TPM이 녹아든 조직문화	린과 6시그마 통합 로드맵 제공
프로젝트 선정 툴	Toyota 자체 보유(비공개)	VSM(Value Stream Mapping)

출처: 양종곤 등(2004).

한편 TPS의 철저한 낭비제거라고 하는 핵심원리는 제조 분야 이외에도 적용할 수 있지만 TPS는 이를 구체적으로 적용하기 위한 툴을 제공하고 있지 않다. 이에 대하여 린 엔터프라이즈는 가치흐름 분석도구인 VSM(Value Stream Mapping)을 통하여 생산 프로세스뿐만 아니라 사무·간접 부문을 포함하는 모든 프로세스에 대한 가치흐름 상태를 분석하고 낭비를 발견할 수 있는 방법을 제시한다. VSM은 가치흐름상의 리드타임에 영향을 미치는 물자와 정보의 흐름과 함께 이의 연결고리를 확인할 수 있게 해 준다. 또한 전체 리드타임에서 부가가치 활동의 비율을 나타내 주는 '프로세스 사이클효율성(Process Cycle Efficiency, PCE)'을 측정할 수 있다. 이는 현재 상태의 VSM을 통하여 구체화될

수 있으며 〈그림 1-5〉는 일반적인 생산공정에 대한 현재
상태 VSM의 작성 예시를 나타낸다.

〈그림 1-5〉 현재상태의 VSM(예시)

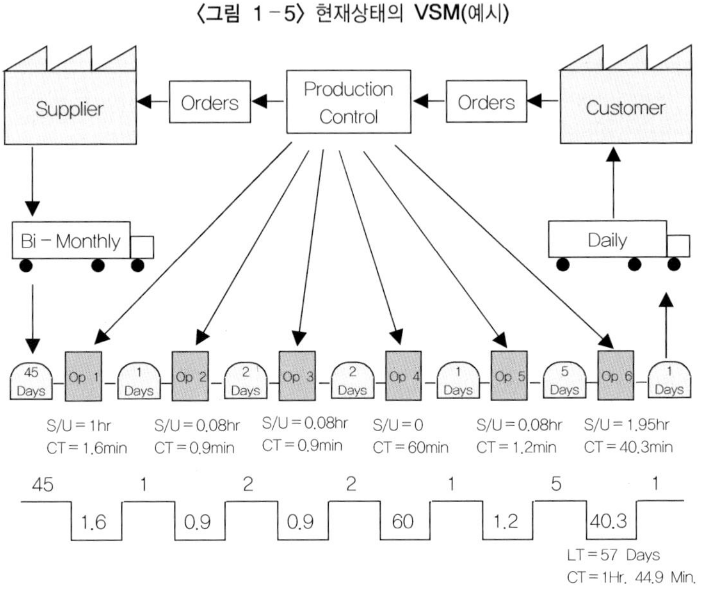

출처: 한국생산성본부(2005).

이러한 VSM은 하위 수준의 프로세스 단위에서부터 단일
공장 단위, 여러 공장 간의 단위, 그리고 전사적인 단위에
서 활용될 수 있다. 현재상태의 VSM을 통해 파악되는 가치
흐름에 대하여 미래의 가치흐름이 어떻게 변화되어야 하는
지를 연구하고 미래상태의 VSM을 작성한다. 미래상태의
VSM이 작성되면 이를 달성하기 위한 실천계획을 수립하여

실행하게 되는데 이를 위해서는 각각의 낭비유형에 효과적
으로 대응할 수 있는 올바른 개선 도구들과 효율적인 개선
체계를 필요로 한다.

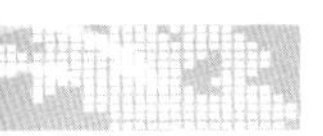 **제3장** 6시그마(Six Sigma)

　6시그마의 경영적 의미는 단순히 비즈니스 시스템상의 문제를 해결하는 도구가 아니라 장기적으로 기업의 문화를 바꾸는 총체적 경영혁신 활동의 의미가 있다는 관점이다. 그리고 운영적 의미는 시그마 수준의 척도를 사용하여 모든 프로세스의 산포를 줄이고 결함을 감소시켜 불량이 초래하는 '저품질비용(Cost of Poor Quality, COPQ)'을 절감하는 방법론으로서의 관점이다.

1) 6시그마의 의미

　6시그마는 1980년대 미국 모토로라의 품질혁신 프로그램으로 출발하였다. 모토로라를 통해 객관적으로 성과가 입증된 6시그마 활동은 미국의 기업들뿐만 아니라 우리나라를 포함하는 세계의 기업들로 빠르게 확산되어 널리 활용되고 있다. 이는 고품질을 통한 경쟁전략의 수단인 TQM(Total Quality Management)이 갖는 단점을 보완하여 구체적으로 성과를 창출하기 위한 접근체계를 제시하고 있기 때문이다. 해리(1998)는 "6시그마 전략은 제품과 서비스의 획기적인 품질 확보와 수익 향상을 이끌어 낼 수 있는 일련의 중재와 통계적 도구들을 제공한다."고 하였다. TQM과의 연계성에 대하여 루카스(2002)는 본질적으로 "6시그마는 품질개선을 위한 방법론이며 많은 기업들이 현재의 비즈니스 시스템에 6시그마를 접목하여 TQM을 추진한다."고 하였다. 한편 박성현(2005)은 6시그마의 핵심적인 본질을 다음과 같이 제시하였다.

- 기업 경영의 새로운 패러다임
- 모든 프로세스를 평가·개선할 수 있는 과학적·통계적 방법
- 고객만족에 바탕을 둔 품질문화를 조성하기 위한 기업의 경영철학이자 기업 전략
- 인력 정예화를 도모하는 리더십 배양 프로그램

팬드 등(2001)은 다양한 관점에서 6시그마가 기존의 TQM 활동의 함정을 보완할 수 있다고 하였으며, 〈표 1-6〉과 같이 9가지의 해결방안을 제시하였다.

<표 1-6> TQM의 함정과 6시그마 해결방안

TQM의 함정	6시그마 해결방안
통합의 결핍	비즈니스와 개인적 '최종 결과'를 연계
무관심한 리더십	선두에 선 리더십
애매한 개념	지속적으로 반복되는 단순한 메시지
불분명한 목표	비상식적이지 않은 야심 찬 목표를 설정
이론적 태도와 기법 마니아	도구들과 엄격도(Degree of Rigor)를 환경에 적용
내부 장벽 타파에 실패	수평기능적 프로세스 관리에 대한 우선권
점진적 대 급진적 변화	증분적, 지수적 변화
효과가 없는 훈련	블랙벨트, 그린벨트, 마스터 블랙벨트
제품의 품질에 집중	모든 비즈니스 프로세스에 주목

출처: 팬드 등(2001).

이와 같이 TQM의 단점을 보완하는 6시그마는 단순한 도구의 개념을 넘어 품질우위의 경쟁전략을 실행하는 수단으로서 활용되고 있으며 기업 내에서 적용되는 관점에 따라 경영적 의미와 운영적 의미로 구분된다. 경영적 의미는 6시그마가 단순히 비즈니스 시스템상의 문제를 해결하는 도구가 아니라 장기적으로 기업의 문화를 바꾸는 총체적 경영 혁신 활동의 의미가 있다는 관점이다. 그리고 운영적 의미는 시그마 수준의 척도를 사용하여 모든 프로세스의 산포를 줄이고 결함을 감소시켜 불량이 초래하는 '저품질비용(Cost of Poor Quality, COPQ)'을 절감하는 방법론으로서의 관점이다. 통계적으로 6시그마는 100만 번 중 3번 내지 4번의 결함을 허용하는 극한 품질수준을 나타내며, 이는 품

질에 대한 '결점 제로(Zero Defects)'의 도전 목표를 의미한
다. 운영적 의미에서 시그마 수준에 따른 결함의 크기와 저
품질비용(COPQ)의 수준은 〈표 1 - 7〉과 같다.

〈표 1 - 7〉 시그마 수준에 따른 품질 수준

Sigma	Defects per million	Cost of poor quality	
6 Sigma	3.4 defects per million	〈 10% of sales	World class
5 Sigma	230 defects per million	10 to 15% of sales	
4 Sigma	6,200 defects per million	15 to 20% of sales	Industry average
3 Sigma	67,000 defects per million	20 to 30% of sales	
2 Sigma	310,000 defects per million	30 to 40% of sales	Noncompetitive
1 Sigma	700,000 defects per million		

출처: 루카스(2002).

2) 6시그마 추진조직

팬드 등(2001)은 TQM의 약점 중 하나로 무관심한 리더
십을 지적하였으며 6시그마를 통한 해결방안으로 선두에
선 리더십을 제시하면서 6시그마 조직이란 "일상적인 경영
활동 속에서 6시그마의 주제와 실행을 구축하기 위해서 적
극적으로 운영되고 있으며, 프로세스 성과와 고객만족에 있
어서 상당한 개선이 이루어지는 조직"이라고 정의하였다.
선두에 선 리더십은 리더들의 솔선수범과 함께 강력한 추
진조직을 필요로 한다. 6시그마는 이를 실행하기 위한 추진

조직체계를 구체적으로 제시하고 있으며, 이는 실질적인 실행주체로서의 벨트조직과 실행을 지원하는 지원조직으로 구분된다.

6시그마의 추진에 있어 실질적인 성과창출 프로젝트를 추진하는 블랙벨트의 중요성을 강조한다. 블랙벨트는 6시그마 핵심인력으로서 장기간의 교육·훈련과정을 통하여 프로젝트 추진을 위한 6시그마의 전반적인 이해와 프로젝트 기획능력, 통계분석 기법 등 전문적인 문제해결기법을 습득하게 된다. 또한 교육과 함께 실질적인 문제해결 프로젝트를 동시에 수행하면서 훈련을 통하여 학습효과를 극대화한다. 블랙벨트의 운영방식은 전일(Full-time)제와 파트타임(Part-time)제로 구분되며, 전일제 운영방식이 교육·훈련의 효과를 높일 수 있다. 개선 프로젝트 추진에 대한 자문(Coaching)과 자체적인 교육·훈련 프로그램의 운영을 위해서는 마스터 블랙벨트(MBB)의 역할이 중요하다. 처음부터 마스터 블랙벨트를 운영하기 어려운 경우에는 외부기관의 컨설팅을 통해 지원을 받는 것이 좋으며, 내부에서 마스터 블랙벨트를 육성하기 위한 계획을 수립하여 추진할 필요가 있다.

블랙벨트와 마스터 블랙벨트의 중요성에도 불구하고 6시그마 추진조직의 각 계층은 유기적으로 의사소통하여 최고의 성과를 창출할 수 있도록 운영되어야 한다. 이를 위해서

는 계층별 역할에 맞는 적절한 교육·훈련 프로그램이 제
공되어야 한다. 이는 전사적 참여와 실질적인 성과 창출 측
면에서 매우 중요한 부분이며, 모든 계층에서 공통의 목표
를 인식하고 각각 맡은 바 역할을 충실히 수행할 때 효과적
인 6시그마조직이 될 수 있다.

(1) 벨트(Belt) 조직

벨트조직은 무술 유단자의 등급을 벤치마킹하여 이름 붙
여진 블랙벨트, 그린벨트가 있으며 상위 등급으로 마스터
블랙벨트와 챔피언벨트 등이 있다.

① 챔피언벨트(Champion Belt)
6시그마 추진전략 및 실행의 책임자로서 6시그마 추진
인력을 선발, 양성, 관리하고 프로젝트 수행과정에 리더십
을 발휘하며 재무성과 도출을 관리

② 마스터 블랙벨트(Master Black Belt)
6시그마 최고 전문가로 비즈니스에 대한 이해와 6시그마
방법론에 대한 지식을 바탕으로 6시그마 방법론 개발 및
교육·지도 등 6시그마 활동을 주도

③ 블랙벨트(Black Belt)
6시그마 추진에 있어서 직접 몸으로 부딪히는 업무를 수행

하는 6시그마 프로젝트 추진 리더로서 6시그마 방법론을 적용
하여 과학적으로 문제를 해결하여 획기적인 성과 창출을 주도

④ 그린벨트(Green Belt)

6시그마 수행 인력으로 현업 업무를 수행하면서 간단한
6시그마 기법을 활용하여 현장 개선 중심의 GB 프로젝트
를 수행

(2) 지원 조직

지원조직은 전반적인 6시그마 활동을 기획하고 개선활동
을 지원하며, 개선 결과에 대한 재무성과를 평가하는 기능
을 수행하기 위한 6시그마 사무국, 프로세스 오너, 재무 평
가원(Financial Effect Analyst, FEA) 등으로 구성된다.

① 6시그마 사무국

6시그마 활동을 효과적 지원하기 위한 조직

② 프로세스 오너(Process Owner)

개선된 프로세스의 유지 및 지속적 개선에 대한 책임이
있는 개선 대상 프로세스의 관리자

③ 재무평가원(FEA)

개선 프로젝트의 재무성과를 평가하고 검증

3) 6시그마 추진 로드맵

팬드 등(2001)은 이상적인 6시그마 로드맵을 5단계로 제시하였으며, 6시그마 개선 프로젝트가 처음부터 DMAIC를 활용하는 네 번째 단계의 개선에 집중할 때 그 성과가 기대에 못 미치게 되는 경우의 사례를 통해 성공적인 성과 창출을 위해서 단계적인 로드맵의 실천을 강조하였다.

- 핵심 프로세스와 중요 고객들을 파악하라.
- 고객의 요구사항을 정의하라.
- 현행 성과를 특정하라.
- 우선순위를 부여하고, 분석하고, 개선을 수행하라.
- 6시그마 시스템을 확장시키고 통합시켜라.

굽타(2005)는 현재 사용되고 있는 성공적인 6시그마 접근법은 협력단계와 프로젝트 단계의 두 단계로 수행된다고 하였다. 그는 협력단계에서 비즈니스 성과를 분석하고, 수익에 영향을 주는 요인을 밝혀냄으로써 개선의 대상을 발굴하게 되는데 여기에서 중요한 것은 비즈니스의 성과를 측정하는 방법을 마련하는 것과 6시그마를 위한 조직의 결성, 수익을 위한 목표를 결정하는 것이라고 하였다. 또한 프로젝트 단계에서는 기업의 수익을 개선하기 위한 기회로 활용하기 위해 DMAIC 방법론에 의존하며 이를 실행하기 위한 담당자들의 교육 프로그램이 필요함을 강조하였다.

4) 6시그마 웨이브(Wave) 운영절차

6시그마의 추진은 개선 프로젝트의 실행과정을 통해 성과를 창출할 수 있다. 이를 위해서는 개선 프로젝트의 반복적인 실행과정을 시스템화할 필요가 있다. 전사적으로 단기간 운영되는 6시그마 단기 프로젝트 추진과정을 웨이브(Wave)라고 하며, 〈그림 1-6〉과 같은 4가지 단계의 반복과정을 갖는다.

〈그림 1-6〉 6시그마 웨이브 운영절차

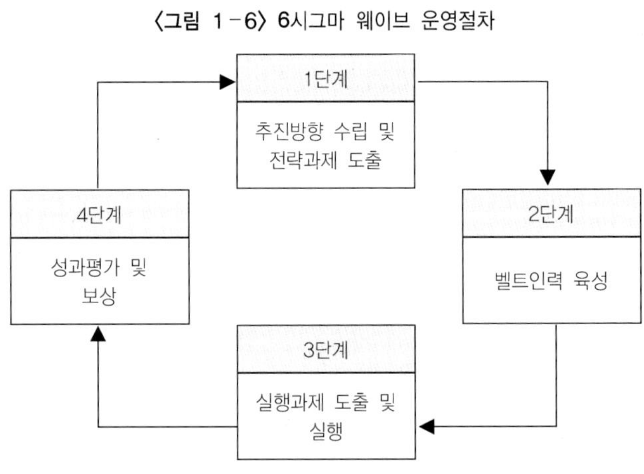

(1) 추진방향 수립 및 전략과제 도출

추진방향은 6시그마의 실행목적을 명확하게 제시하고, 체계적인 추진을 위한 조직의 구성 및 전체적인 추진일정 계획 등을 포함하는 마스터플랜(Master Plan)을 의미한다. 전략과제는 전략의 실행 또는 경영목표 달성을 위한 중점 추진과제를 의미하며, 6시그마에서는 이를 Big－Y 과제라고 부른다. Big－Y 과제는 사업 부문별 책임자인 챔피언벨트의 책임하에 관리되는 것이 일반적이다.

(2) 벨트인력 육성

6시그마 프로젝트를 주도적으로 추진할 벨트인력을 육성하며, 교육 프로그램은 계층별로 별도 설계된 훈련 프로그램을 적용한다. 특히, 6시그마 실행의 핵심인력인 블랙벨트의 육성은 6시그마 혁신활동의 체계와 문제해결방법론, 통계적 사고와 분석기법, 과제의 기획 및 관리, 프로젝트 추진을 위한 리더십 등의 심화 교육과 함께 실제 개선 프로젝트의 실행을 병행하는 액션러닝(Action Learning) 교육방식으로 이루어진다.

(3) 실행과제 도출 및 실행

블랙벨트와 그린벨트로 육성된 인력이 6시그마 방법론을

업무에 적용하여 전략과제의 달성을 위한 구체적이고 단기적으로 실행 가능한 과제를 도출하고 실행한다. 도출된 실행과제들이 다수인 경우 과제의 우선순위를 평가하고, 과제의 유형을 검토하여 적절한 개선방법론을 적용하여 실행한다. 6시그마의 '실행과제'는 일반적으로 '프로젝트'로 불리고 있으며, 프로젝트의 실행과정에서는 마스터 블랙벨트 또는 전문가의 코칭을 받음으로써 효과적인 6시그마 적용 및 실행을 지원받는다.

(4) 성과평가 및 보상

6시그마 프로젝트의 성과를 평가하고 보상을 실시한다. 성과평가는 프로젝트의 실행결과에서 제시된 기대효과와 개선방안의 사후 모니터링을 통해 파악되는 실제효과로 구분하여 평가된다. 프로젝트의 실제효과는 일반적으로 최소 6개월 이상의 현장 모니터링 결과를 바탕으로 재무평가원(FEA)을 포함하는 평가위원회를 통해 파악된다. 이와 함께 과제의 성공적인 실행 성과는 전사적으로 공유하고, 적절한 보상을 실시한다.

5) 개선을 위한 DMAIC 방법론

6시그마의 혁신전략을 추진하기 위한 구체적인 절차를 포함하고 있는 새로운 개선의 접근방법을 제시한 사람은 해리와 슈로더(2000)였다. 프로세스와 사업부 또는 회사에서 6시그마 품질을 달성하기 위한 혁신전략의 추진을 위해서 그들이 제시하는 절차는 8가지 기본적 단계가 있으며, 이는 인식(Recognize), 정의(Define), 측정(Measure), 분석(Analyze), 개선(Improve), 관리(Control), 표준화(Standardize), 그리고 통합(Integrate)이다. 이 중 모토로라가 생각했던 6시그마 혁신전략의 핵심단계는 측정(Measure), 분석(Analyze), 개선(Improve), 관리(Control)의 4단계를 활용하는 것이었으나, 제너럴 일렉트릭이 추진했을 때, 정의(Define)단계를 추가함으로써 DMAIC가 되었다. DMAIC는 현재 존재하고 있는 프로세스나 제품의 결함을 개선하기 위한 방법론으로서, 고객관점의 핵심품질특성(Critical To Quality, CTQ)을 정의하고 측정을 통하여 개선하는 구체적이고 체계적인 절차를 특징으로 한다.

(1) 정의(Define)

정의단계는 고객관점에서의 핵심품질특성인 CTQ와 핵심 비즈니스 프로세스 및 산출물을 정의하고 팀 구성 및 개선활동 추진계획을 수립하는 단계이다. 프로젝트 정의, 프로젝트 선정, 프로젝트 승인 활동들이 이루어지며, 다음과 같은 기법들이 적용된다.

- 고객의 정의와 고객 조사방법론
- 프로세스 매핑
- 파레토 차트와 그래프
- 우선순위 결정을 위한 매트릭스 다이어그램
- 프로젝트 실행계획서

① 프로젝트 선정

경영목표와 연계된 CTQ들을 도출하고 우선순위화하여 6시그마 프로젝트를 선정한다. CTQ란 제품이나 서비스에 대한 고객의 요구사항을 만족시키고 프로세스의 효율 및 가치를 향상하기 위해 파악된 핵심 품질특성을 의미한다.

② 프로젝트 정의

수행하고자 하는 프로젝트의 목표와 범위를 설정하고 기대효과를 구체화한다. 이 과정에서는 6시그마 프로젝트가 고객과 사업적 측면에서 어떤 의미가 있는지와 현재의 상황 및 목적을 분명히 하고 추진계획을 구체화해야 한다.

③ 프로젝트 승인

프로젝트 정의단계에서 기술된 내용을 프로젝트 실행계

획서에 요약하고, 챔피언벨트 등 이해관계자들이 프로젝트 실행 여부에 대한 의사결정을 내린다.

(2) 측정(Measure)

측정단계는 핵심 비즈니스 프로세스를 통해 나오는 산출물로서 정의단계를 통해 정의된 CTQ의 현재수준을 측정하고 결함의 감소계획을 수립하는 단계이다. 측정지표의 정의, 현재수준의 측정, 잠재원인변수의 선정 활동들이 이루어지며, 다음과 같은 기법들이 적용된다.

- 데이터 수집계획서
- 측정시스템 분석을 위한 게이지의 반복성과 재현성 평가
- 데이터의 정규성과 관리상태의 검증
- 시그마수준의 계산
- 잠재요인에 대한 특성요인도

① 측정지표의 정의

핵심품질특성인 CTQ의 성과에 대하여 데이터로 측정 가능한 지표를 선정한다. CTQ의 측정지표는 Y로 불리며, 이는 제품이나 프로세스의 성과가 프로젝트의 CTQ를 얼마나 잘 만족시키는가를 나타내는 측정 가능한 구제직 지표를 의미한다.

② 현재수준의 측정

현재 프로세스의 데이터를 근간으로 측정지표 Y의 측정 시스템 신뢰성 및 현 수준을 파악하여 프로젝트의 개선목표를 재확인한다. 현 수준이란 현재의 프로세스가 고객의 요구기준을 얼마나 잘 만족시키고 있는지를 나타내는 것으로 시그마수준(Z-Bench) 또는 백만 단위에서의 결점수준을 의미하는 DPMO(Defects Per Million Opportunities) 등을 통해 나타낸다.

③ 잠재원인변수의 선정

CTQ(Y)에 영향을 미치는 모든 잠재원인변수들을 찾아내어 나열하고 우선순위화한다. 잠재원인변수는 X라 불리며, Y의 변동에 영향을 줄 것으로 예상되는 프로세스의 변동요인을 의미한다.

(3) 분석(Analyze)

분석단계는 잠재원인변수들(X's)과 CTQ(Y)의 인과관계에 대한 가설을 수립하고 통계적·정성적 데이터 분석을 통해 가설을 검정하여 소수의 핵심원인변수들(Vital Few X's)을 선정하는 단계이다. 분석계획 수립, 데이터 분석, 핵심원인변수 선정의 활동들이 이루어지며, 다음과 같은 기법들이 적용된다.

- 가설 수립과 분석계획서
- 그래프 분석
- 통계적 가설검정
- 상관분석과 회귀분석
- 현장실사 등의 정성적 분석

① 분석계획 수립

잠재원인변수들(X's)이 Y의 변동에 미치는 영향을 분석하기 위하여 적절한 데이터 수집계획과 무엇을 어떻게 분석할 것인지에 대한 분석계획을 수립하고 데이터 수집활동을 실시한다.

② 데이터 분석

Y의 변동에 영향을 미치는 핵심원인변수를 찾아내기 위해서 수집된 데이터에 대하여 객관적이고 논리적인 분석을 수행한다.

③ 핵심원인변수 선정

핵심원인변수란 Y의 변동에 많은 영향을 미칠 것으로 판단되는 소수의 원인들을 의미하며, 개선의 실행 시 자원의 투자 대비 효과 측면을 고려하여 핵심원인을 선정한다.

(4) 개선(Improve)

Y의 성과가 고객이 원하는 수준에 도달하기 위한 핵심원인변수들의 최적 조건을 확인하고, 최적의 개선안을 도출하여 실행 및 그 성과를 검증하는 단계이다. 개선계획 수립, 핵심원인변수 최적화, 개선결과 검증의 활동들이 이루어지며, 다음과 같은 기법들이 적용된다.

- 변수 최적화를 위한 실험계획법
- 브레인스토밍 등의 아이디어 도출기법
- 최적 대안 선정을 위한 의사결정기법
- 벤치마킹
- 프로세스 재설계 기법

① 개선계획 수립

원인변수의 종류에 따라서 적합한 개선계획을 수립하기 위하여 분석단계에서 선정한 핵심원인변수의 특성을 규명하고 적합한 개선방안을 수립한다.

② 핵심원인변수 최적화

프로세스의 특성을 파악하여 Y에 가장 큰 영향을 미치는 핵심원인변수를 결정하고, 이들 인자의 조건을 어떻게 설정해야 하는가에 대한 최적 조건 또는 최적 대안을 도출하여 실행한다.

③ 개선결과 검증

핵심원인변수의 최적 조건과 최적 대안을 실제 프로세스
에 적용할 경우에 기대되는 Y의 개선성과를 시험적용을 통
해 검증한다.

(5) 관리(Control)

관리단계는 대안을 적용하고, 추적할 결과를 측정하기 위
해 요구되는 조건을 설정하고 일정기간 동안 성과를 평가
하여 해결방법을 표준화하고 다른 조직으로 확산 적용하는
단계이다. 관리계획 수립, 관리계획 실행, 표준화 및 공유
활동들이 이루어지며, 다음과 같은 기법들이 적용된다.

- 관리계획서(Control Plan)
- 실수방지(Error − Proof)
- 통계적 공정관리(Statistical Process Control)
- 업무 표준 또는 매뉴얼
- 프로젝트 성과 공유회

① 관리계획 수립

주기적으로 개선효과를 확인하기 위한 모니터링 시스템
과 측성항목을 명확히 하고 관리계획을 수립힌디.

② 관리계획 실행

프로젝트 성공 여부를 파악하기 위하여 장기적인 프로젝트 목표 달성 여부를 평가하고 프로세스 모니터링을 통해 검증된 관리계획을 표준으로 등록한다.

③ 표준화 및 공유

개선효과가 검증된 방법을 표준화하여 확대 실시하고, 이해관계자들과 성과를 공유한다.

6) 설계를 위한 DFSS 방법론

DFSS(Design for Six Sigma)는 고객의 기대를 능가하는 상품, 서비스 관련 프로세스의 설계 방법론이다. DFSS의 필요성은 5시그마 수준의 프로세스에서 6시그마 달성을 위한 개선활동의 노력이 원점에서 프로세스를 재설계하는 것보다 오히려 총 비용을 증가시킬 수 있다는 데서 찾을 수 있다. DFSS는 처음부터 6시그마 수준의 품질을 갖는 제품 또는 프로세스를 설계하기 위한 방법론으로 다음과 같은 상황에서 효과적이다.

- 새로운 제품 또는 프로세스를 설계할 때
- 현재의 제품 또는 프로세스가 한계수준에 도달하였을 때

● DMAIC의 개선단계에서 새로운 시스템이나 프로세스를 설계
해야 할 때

DFSS 방법론으로는 일반적으로 DMAD(O)V가 사용되며
이는 정의(Define), 측정(Measure), 분석(Analyze), 설계(Design),
최적화(Optimize), 검증(Verify)의 단계로 추진된다.

(1) 정의(Define)

정의단계는 6시그마 프로젝트를 선정하고, 프로젝트의 목
표와 범위를 구체적으로 정의하는 활동단계이다. 이 단계를
통해 프로젝트의 추진배경과 선정과정을 이해하고 추진방
법론을 결정하며, 실행계획서를 작성하여 챔피언의 승인을
받아 추진을 공식화한다. 프로젝트 선정, 프로젝트 정의, 프
로젝트 승인 활동들이 이루어진다.

(2) 측정(Measure)

측정단계는 고객을 정의하고 요구사항을 분석하여 프로
젝트의 핵심품질특성인 CTQ와 측정지표 Y를 정의하고, 현
재수준을 파악하고 설계목표를 설정한다. CTQ 전개 및 측
정지표의 확인, 현 수준 파악 및 목표설정 활동들이 이루어
진다.

(3) 분석(Analyze)

시스템 설계 안을 수립하고 위험평가를 통해 최적의 시스템 설계를 확정한다. 그리고 시스템 설계의 하부 전개를 위하여 잠재인자들(X's)을 도출하고 우선순위화한다. 시스템 설계, 설계요소 발굴 활동들이 이루어진다.

(4) 설계(Design)

잠재인자들의 검증을 위한 데이터를 수집하여 분석하고, 이를 토대로 핵심원인변수를 도출하여 상세설계 사양을 확정한다. 설계요소 분석, 설계요소 선정, 상세설계의 활동들이 이루어진다.

(5) 최적화(Optimize)

강건설계를 통해 상세설계를 최적화하며, 생산성과 신뢰성을 포함한 종합적인 공정능력을 검증한다. 설계된 제품이나 서비스의 실제 적용 가능성을 확인한 후 문제점을 개선하고 검증계획을 수립한다. 상세설계 최적화, 상세설계 평가 활동들이 이루어진다.

(6) 검증(Verify)

최적화 단계에서 가장 합리적으로 설정된 핵심원인변수의 최적 조건 및 공차가 양산 시에도 적합한지를 확인하고, 그 결과를 문서화 및 표준화하여 향후에도 지속적으로 관리될 수 있는 관리계획을 수립한 후 현업으로 이관하고 프로젝트를 완료한다. 시험 적용, 관리계획 수립 및 시행, 문서화 및 이관 활동들이 이루어진다.

7) 6시그마 성공요인

6시그마 성공요인에 관한 몇몇 연구자들의 견해로, 한 등(1999)은 6시그마의 성공요인을 최고경영자의 지원과 열정, 과학적인 프로세스 개선, 고객욕구 이해와 만족도, 교육훈련, 재무성과 등이라고 하였다. 블랙스리(1999)는 6시그마 성공요인으로 최고경영자의 리더십, 기업의 통합전략, 프로세스 개선, 프로세스적 사고방식, 고객 및 시장정보 수집, 수익성, 훈련, 보상 및 인센티브 등을 제시하였다. 해리 등(2000)은 6시그마 성공을 위해서는 최고 경영자의 리더십, 조직 내 모든 종업원에 대한 교육, 블랙벨트 운영제도, 재무성과에 대한 평가, 성과에 대한 보상과 같은 요인이 중요하다고 하였다.

국내에서의 6시그마 성공요인에 관한 연구들에서 안영진 (2004)은 '한국에서의 6시그마: 성공과 실패에 관한 연구'를 통해서 6시그마 성과에 영향을 주는 요인으로 기업문화, 초기 경쟁력, 프로세스 내재능력, 프로세스 개선방법, 6시그마 적용범위, 추진사무국의 위상 등을 제시하였으며, 특히 프로세스 개선방법, 6시그마 적용범위, 추진사무국의 위상 등은 6시그마를 도입한 이후에 더욱 중요한 요소가 된다고 하였다. 이범재(2004)는 그의 박사학위 논문에서 6시그마 성공요인으로 CEO의 리더십 스타일, 교육 훈련, 이전 품질 프로그램 시행경험, 지원 인프라 구축, 블랙벨트 제도 운영을 제시하였다. 이재식(2006)은 6시그마 성공요인에 대한 실증연구를 통해 경영층의 리더십, 벨트들의 능력과 수준, 6시그마 교육 및 훈련, 지원시스템, 고객 및 시장정보 수집 관리를 제시하였다.

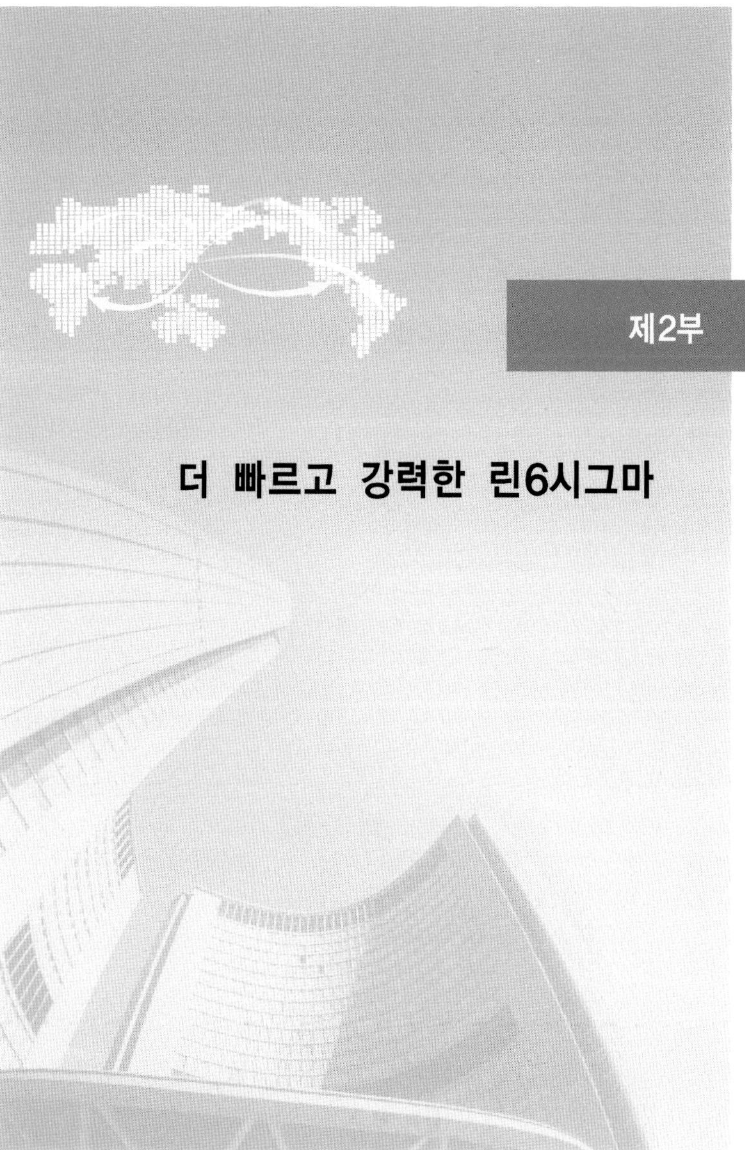

더 빠르고 강력한 린6시그마

제1장 린6시그마란?

린6시그마(Lean Six Sigma, LSS)는 린(Lean) 방식과 6시그마(Six Sigma)의 결합을 통하여 고객만족, 비용, 품질, 공정속도, 자본회수 등에 대한 개선을 가장 빠른 속도로 달성함으로써 기업의 가치를 극대화해 주는 방법론이다.

1) 왜 린6시그마인가?

(1) 6시그마의 변화

기존의 대량생산시스템에서 다품종 소량생산 방식으로의 전환은 고객의 기호와 욕구가 급속하게 변화되었기 때문이며 경영활동 전반의 품질향상을 필요로 하고 있다. 이러한 품질향상 노력의 성공적인 사례로서 미국의 모토로라는 1980년 갤빈 회장의 주도하에 글로벌 리더십을 확보할 목적으로 본격적인 작업을 시작하였으며, 글로벌 경쟁력, 참여적 경영, 품질 향상, 모토로라 교육센터의 네 가지 혁신방안을 추진하였다. 이 중 품질향상 부문에서 5년 안에 현재의 품질을 10배 향상시키는 목표를 정하였으며 이러한 혁신적인 목표는 새로운 방식의 6시그마를 탄생시켰다. 모토로라의 품질혁신 노력의 결과는 1988년 미국 정부로부터 최초의 말콤 볼드리지 품질 혁신상(Malcom Baldridge National Quality Award)을 수상하게 되는 객관적인 성과를 낳았다. 이후 6시그마는 제너럴 일렉트릭, 듀퐁, 코닥, 포스코, 삼성전자, 엘지전자 등의 제조기업뿐만 아니라 시티뱅크, 아멕스, 케이티, 삼성생명과 같은 서비스 기업들을 포함하는 국내·외 유수 기업들이 품질향상전력으로 채택함으로써 그 성과가 검증되었으며 가장 혁신적인 기법으로 인식되고 있다.

초기의 6시그마는 지속적인 사업 향상의 방법론이기보다는 품질향상을 위한 혁신방안으로 시작되었으나 급변하는 경영환경하에서 비즈니스 성과의 창출을 위한 총체적 비즈니스 향상방법으로 개념이 확장되었다(바니 등, 2004). 그러나 대부분의 위대한 발명들처럼, 6시그마는 '완전히 새로운 것'이 아니며 독자적으로 비즈니스 문제에 대한 유일한 해결책이 될 수 없다. 6시그마의 발전적인 방향에 대하여 안영진(2004)은 6시그마가 성공하기 위해서는 6시그마 도입

이전에 기업문화, 초기 경쟁력, 프로세스 내재능력 등이 갖추어져 있어야 하며, 더 나아가 "프로세스를 통합적으로 개선하며 6시그마 적용 범위를 넓히고, 전사적으로 6시그마를 추진하여야 훨씬 우수한 기업성과를 달성할 수 있다."고 하였다. 팬드 등(2002)은 "6시그마가 갖는 매력이 비즈니스에서 단절된 경영도구들을 연결시키는 방법이 될 수 있다."는 것이라고 하였다. 이와 같이 6시그마는 새로운 혁신기법과의 융합을 통한 개선된 방법론으로 변화를 필요로 하고 있으며 또한 변화를 거듭하고 있다.

(2) 생산시스템의 유연성

생물학적 관점에서 진화론을 연구했던 다윈은 그의 저서 종의 기원에서 생존하는 것은 강한 종도 아니고 지적인 종도 아니며 변화에 잘 적응하는 종이 종국에 살아남는다고 하였다. 기업도 기업을 둘러싸고 있는 경영여건의 변화에 적절하게 적응할 수 있을 때 성장과 생존이 가능하다. 경영환경의 불확실성 증가로 인하여 기업들은 생존을 위한 다양한 경영혁신기법을 활용하고 있다. 생산전략적 측면에서 생산시스템이 직면한 불확실성을 효과적으로 대응하기 위해서는 생산시스템의 유연성 확보가 중요하다. 생산시스템의 유연성은 수량변경이나 제품다양성에 효과적으로 대응할 수 있으며 이는 생산 로트, 작업 준비시간, 작업자의 유연성 및 설비능력의 활용수준 등에 의존되고 있다(이경환, 1994).

유연 생산시스템 관점에서 적시생산방식(Just - in - time, JIT)이라고 하는 독특한 방식을 구축하여 경쟁우위를 확보하고 있는 도요타 자동차의 '도요타 생산방식(Toyota Production System, TPS)'은 많은 기업들에게 벤치마킹의 대상이 되고 있으며, 미국 MIT의 워맥 교수 등은 이를 린(Lean) 방식이라 불렀다. 우리나라 기업들도 도요타의 생산시스템 자체에 대한 벤치마킹을 뛰어넘어 최근 철저한 낭비의 제거라고 하는 철학적 사고 관점으로 접근하여 린 방식을 경영혁신기법으로 활용하는 사례가 증가되고 있는 추세이다. 이는 급변하는 경영환경에 대한 대응력을 신속히 극대화함으로써 고객이 만족하는 제품 및 서비스를 남보다 빠르게 제공하는 스피드경영을 추구하는 것으로 스피드경영에서는 다품종 소량생산으로 고객의 요구를 최대한 만족시키는 유연경영을 특성으로 한다(김명호, 2005).

(3) 린 방식과 6시그마의 통합

린 방식의 전사적인 적용모델인 린 엔터프라이즈(Lean Enterprise)는 VSM(Value Stream Mapping)을 기반으로 가치를 정의하고 제품 관점에서 물자와 정보의 흐름을 방해하는 낭비를 제거하여 속도를 향상시키고 프로세스 사이클 효율성(Process Cycle Efficiency)을 향상시키는 데 기여할 수 있다. 이는 재고의 감소와 생산성 향상 및 원가절감의 기업 성과 향상을 목적으로 하며 성과동인으로 전 사원의 참여를 통한 지속적 개선활동 체계를 필요로 한다.

6시그마는 통계적으로 백만 개에서 3.4개의 불량률을 갖는 극한 품질수준을 의미하는 것이다. 또한 6시그마는 고객 관점에서 프로세스의 품질을 향상시키기 위하여 통계적 사고와 과학적 기법들을 사용하여 불량을 제거해 나가는 체계적인 방법과 실행 인프라 체계를 강점으로 하여, 경영활동의 모든 프로세스에서 산포를 줄이고 고객 요구사항에 대한 실행상의 결함을 감소시켜 수익을 향상시키는 기업의 전략으로 발전되어 활용되고 있다. 최근에는 스피드경영을 가속화하기 위하여 프로세스의 속도를 향상시키고 낭비활동을 제거하여 가치흐름을 원활하게 하고 프로세스 효율성을 증가시키는 문제에 대해서 6시그마와 린 방식을 접목하는 통합 경영혁신활동으로서의 린6시그마(Lean Six Sigma)의 활용이 증가되고 있다. 린6시그마는 린 방식과 6시그마의 결합을 통하여 고객만족, 비용, 품질, 공정속도, 자본회수 등에 대한 개선을 가장 빠른 속도로 달성함으로써 기업의 가치를 극대화해 주는 방법론이다. 린 방식의 낭비제거를 통한 지속적 개선활동은 6시그마의 혁신활동 리더역할을 수행하기 위해 훈련된 벨트조직을 통해 빠르게 학습되고 체계적으로 실행될 수 있다. 이러한 관점에서 린6시그마는 기존의 6시그마 시스템 기반 위에 린 방식의 사상과 개선 도구가 결합된 새로운 성과개선 모델로 제시되고 있다.

2) 린6시그마 개념

린6시그마는 린 방식과 6시그마가 결합된 통합방식으로서의 혁신방법론이다. 일본의 컨설턴트인 카즈토시(2006)는 1980년대 모토로라를 통해 시작된 6시그마 활동이 1990년대를 거치면서 6시그마 개선에 린(Lean) 개선도구의 활용이 점차 증가되었으며, 기업들이 본격적으로 린6시그마를 도입한 시기는 2004년 이후라고 하였다. 린 방식과 6시그마의 통합방식에 대한 필요성에 대하여 조지(2002)는 각각의 방식은 개별적으로 활용될 때 단점을 갖기 때문이라고 하였다. 이에 대하여 "린 방식은 공정에 대한 통계적 관리능력이 없으며, 6시그마는 단독으로 공정속도의 개선이나 자본투자의 절감을 달성할 수 없다."고 하였다.

안하이터 등(2005)은 린 방식의 조직에서는 품질향상을 위하여 더 과학적인 접근과 데이터에 의한 의사결정이 필요하며, 6시그마 조직에서는 제품 품질뿐만 아니라 제품과 관련된 서비스의 품질도 중요하기 때문에 빠른 납기와 같은 문제를 해결하기 위하여 린 개선도구에 대한 교육과 활용이 필수적이라고 하였다. 또한 린 방식과 6시그마의 통합 활용은 〈그림 2 - 1〉과 같이 더 낮은 비용으로 고객에게 더 높은 가치(Value)를 제공할 수 있다고 하였다.

〈그림 2-1〉 린 방식과 6시그마의 통합 효과

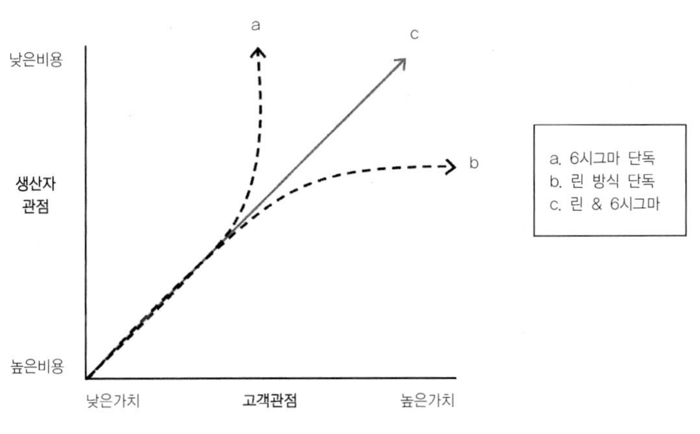

출처: 안하이터 등(2005).

한편, 크로슬리드(2001)는 그의 연구에서 린 방식과 6시그마의 통합을 통하여 얻을 수 있는 상승작용과 이점들을 소개하면서 각각의 방식을 〈표 2 - 1〉과 같이 비교 제시하였다.

<표 2-1> 6시그마와 린 방식의 특징

	6시그마	린 방식
기원이 되는 회사	모토로라	도요타
기원이 되는 산업	전자	자동차
경영 분야	품질경영	제조경영
역사적 기초	서구 전자업체의 품질관리	Ford 자동차의 흐름생산
저변의 철학	지속적인 개선	지속적인 개선
개선의 중점	산포와 강건설계	낭비와 흐름화 설계
개선의 도구	품질관리 7도구들, 실험계획법, 회귀분석 등	흐름 차트, 프로세스 활동 매핑, 공급망 매트릭스, 붉은 표찰(5S) 등

출처: 크로슬리드(2001).

보시디 등(2002)은 그들의 저서 '실행에 집중하라(Execution)'에서 제록스, 루슨트 테크놀로지, 이디에스 같은 기업에서의 성공과 실패사례를 통하여 기업 경쟁력의 차이는 바로 '실행력'임을 강조하였다. 그들은 실행이란 "목적과 방법을 검토하고 의문을 제기하며 끈기 있게 추진하고 책임관계를 명확히 하는 체계적이고 엄격한 프로세스이며, 실행의 핵심은 인력 프로세스, 전략 프로세스, 운영 프로세스에 있다."고 하였다. 혁신전략으로서의 린6시그마도 마찬가지로 강력한 실행체계를 필요로 한다. 이는 린6시그마가 6시그마를 기반으로 하는 관점에서 6시그마의 실행체계의 장점을 활용할 수 있을 것이다.

3) 린6시그마 정의

이와 같이 린 방식과 6시그마가 갖는 장점을 결합한 통합방식의 필요성에 의해 탄생된 린6시그마의 정의에 대하여 조지(2002)는 "고객만족, 비용, 품질, 공정속도, 자본회수 등에 대한 개선을 가장 빠른 속도로 달성함으로써 기업의 가치를 극대화하는 방법론"이라고 하였다. 박성현(2005)은 린6시그마는 "6시그마의 내용을 그대로 시행하면서 린 생산방식의 장점을 결합시킨 경영전략이라고 말할 수 있고, 린 생산방식과 6시그마는 상호 보완적인 개념을 가지고 있으므로, 린6시그마는 두 방식의 장점을 살린 시너지 효과를 내는 경영전략"이라고 하였다

기업의 경우 제너럴 일렉트릭에서 린6시그마를 실행하는 이유는 린 방식을 통하여 최소의 재고와 자원으로 고객에 대한 반응을 최대화할 수 있고, 6시그마를 통하여 설계변수 혹은 불명확한 근본원인을 갖는 복잡한 문제해결을 할 수 있기 때문이라고 하였다. 또한 린 6시그마란 "고객의 가치를 극대화하는 전략으로서 낭비제거를 통하여 완벽한 프로세스를 위한 혹독한 과정"이라고 하였다. 엘지에서는 린6시그마의 정의에 대하여 "가지(Value)분석을 동하어 입무 및 작업흐름을 효율화하기 위한 혁신방법론"이라고 하였다

(LEAN − 6시그마 컨퍼런스, 한국생산성본부, 2006).

이상과 같이 린6시그마에 대한 정의는 연구자들 간에 다소 차이가 있으나, 린 방식과 6시그마는 저변의 철학으로 지속적 개선이라는 공통점을 갖고 있다. 이는 린 방식과 6시그마가 지속적 개선방법으로 통합될 수 있으며, 각각의 방식이 갖는 장점을 결합하여 더 강력한 개선 도구가 될 수 있음을 의미한다. 또한 6시그마가 추진조직 및 추진절차 등의 경영혁신 시스템으로서의 기능적 관점에서 더 구체적인 체계를 갖고 있으며, 기업에 확산된 시기가 더 빠르다는 전제를 바탕으로 린6시그마는 다음과 같이 정의될 수 있다.

"6시그마를 기반으로 최고의 품질과 낭비 없는 실행을 통하여 프로세스의 효율성을 극대화하고 고객의 가치를 창출하는 혁신방법론"

4) 린6시그마 성공요인

크로슬리드(2001)는 개선방법론의 향상을 위한 주요 요소로 최고 경영층의 몰입, 이해 관계자의 참여, 교육훈련 계획, 측정시스템의 4가지를 제시하였다. 박성현(2005)은 성공적인 린6시그마 추진을 위한 7R의 요소로 적절한 리더십(Right leadership), 올바른 로드맵(Right road − map), 우수한 인재의 확보(Right people), 올바른 프로젝트의 선정(Right project), 체계적인 시스템의 구축(Right system), 의욕적인 품질문화(Right culture), 적절한 도구의 사용(Right tools) 등을 제시하였다.

안하이터 등(2005)은 린6시그마를 추진하는 조직에서 갖추어야 하는 요소를 모두 6가지로 제시하였는데, 먼저 린 방식의 관점에서 다음 3가지를 강조하였다.

- 모든 운영상의 부가가치를 극대화할 수 있는 철학의 통합
- 부분 최적화보다 전체 최적화를 확보하는 곳에 대한 보상시스템
- 고객에게 영향을 줄 수 있는 통합된 경영 의사결정 프로세스

다음으로 6시그마 관점에서 다음 3가지를 강조하였다.

- 과학적 접근을 통한 데이터 중심의 의사결정
- 품질특성에 대한 산포를 최소화할 수 있는 방법론
- 전사적이고 강력한 구조를 갖는 교육·훈련 방법의 설계와 실행

양종곤 등(2005)은 린과 6시그마의 통합 시 고려해야 하는 이슈로 인프라 및 경영자 의지, 경영층 위원회, 문제해결방법론, 교육과정, 린 엔터프라이즈로의 이행 등을 제기하고, 이에 대한 성공적인 방향성으로 6시그마 추진방법론

도입, VSM 담당자 참여, 기존의 DMAIC 방법론과 록히드 마틴 방법론, 기존 교육과정을 접목한 보충 린 개선도구 교육, 장기 로드맵의 필요성을 제시하였다. 벤델(2006)은 린과 6시그마를 통합하여 활용하는 조직에서는 전략적(Strategic) 연계, 시스템과 사람의 연계, 전사적 참여, 현장관리의 변화관리자, 성과지향, 측정 및 도구, 훈련과 실행의 연계가 필요하다고 하였다. 카즈토시(2006)는 린6시그마 활동을 성공시키는 6가지 시점은 구조의 전체설계, 리더의 선발과 육성, 경영과제의 해결, 활동정착 구조의 정비, 기업변혁활동의 활성화, 리더 육성과 성과지속 등이라고 하였다.

5) 린6시그마 전략적 추진단계

린6시그마 추진단계의 정의에 대한 연구는 거의 찾아보기 어렵다. 다만, 6시그마를 기반으로 하는 혁신전략 관점에서 경영혁신활동이나 6시그마의 추진단계를 적용하여 볼 수 있을 것이다. 해리 등(2000)은 "상당히 진보적인 조직에서 6시그마를 정착시키는 데는 3~5년이 걸린다."고 하였다. 경영혁신은 기업체의 경제적 성과와 조직효율성을 증대시키기 위한 변화과정으로서 몇 가지의 단계를 거쳐나간다. 조직개발관점에서 혁신의 단계는 변화의 분위기를 조성하는 '해빙

(Unfreezing)단계', 변화를 실행하는 '개혁(Change conversion) 단계', 그리고 새로운 조직문화를 강화해 나가는 '재동결 (Refreezing)단계'를 거쳐 나간다(이학종, 2004). 대한민국 지 방행정혁신 표준매뉴얼의 혁신추진 로드맵에서 제시하는 혁 신단계는 '혁신동력 확보'단계, '혁신활동 전개'단계, 그리고 '지속 가능한 혁신시스템 구축'단계로 구분된다(행정안전부, 2005). 'S'기업의 6시그마 그린벨트 교육교재('S기업, 2005) 에서 제시하는 6시그마 추진단계는 '도입', '확산', '성과가 시화', 그리고 '생활화'의 네 단계로 구분된다. 신동설(2001) 은 6시그마의 추진단계를 '도입단계', '확산단계', '정착단 계'의 세 단계로 구분하였다.

6) 린6시그마 인프라

(1) 품질혁신과 6시그마의 인프라

조직에서 혁신활동의 추진은 경영층의 강력한 리더십을 바탕으로 지속적인 추진을 지원하는 제도나 시스템적인 인 프라를 필요로 한다. 데밍(1950)은 품질목표 달성을 위한 14가지 지침을 제시하면서, 경영자가 품질개선을 주도해야 할 책임이 있으며 조직 내에 지속적인 개선을 위한 철학과 시스템 그리고 도구가 존재해야 한다고 하였다. 또한 지식의 중요성을 간파하고 품질교육을 강조하였으며 자료의 수집과 분석의 중요성 그리고 지속적 품질개선을 위한 PDCA 사이클을 제시하였다. 주란(1951)은 품질경영에는 품질계획, 품질통제 그리고 품질개선을 포함하여야 한다고 하였으며, 이를 위해서 참여자에 대한 적절한 교육훈련과 구체적인 개선프로그램의 필요성을 강조하였다. 크로스비(1979)는 '품질은 공짜(quality is free)'라고 주장하며 무결점은 바람직할 뿐만 아니라 성취 가능한 목표라고 하였다. 그는 불량은 두 가지 이유 때문에 발생하는데 하나는 지식부족, 다른 하나는 주의부족이며 지식문제는 측정 가능하므로 교육으로 개선될 수 있다고 하였다.

파이겐바움(1961)은 전사적 품질관리(Total Quality Control) 개념을 제시하면서 조직 전체가 품질개선에 참여할 것을 강조하였다. 또한 품질비용의 개념을 명확히 했으며 재작업의 낭비를 지적하고 기업 내에 많은 활동이 비부가가치 활동으로 인한 불량을 교정하기 위해 존재한다고 하였다. 이시카와(1976)는 품질분임조(Quality Circle) 활동을 처음 창안하였으며 조직 내에서 모든 부문과 직원이 품질관리에 참여해야 한다고 하였다. 이는 인력의 교육에 크게 의존하고 있으며 교육받은 인력은 제품과 과정의 문제를 해결할 수 있으며 개선을 주도할 수 있다고 하였다(원석희, 2001).

　박성현 등(2000)은 품질이라는 것은 모든 조직원이 지니고 있는 기술에 의해 좌우된다고 하였으며, 전 조직원을 교육 및 훈련시킴으로써 그들이 추구해야 할 목적과 방향, 그리고 비전이 무엇인지 알 수 있으며 품질의 향상과 문제점을 해결해 나갈 수 있는 능력을 지니게 된다고 하였다. 또한 TQM은 품질개선활동에 대한 조직구성원의 참여를 전제로 하고 있으며 이러한 조직적 구조로는 일본의 경우 기능별 조직과 QC 분임조가 대표적인 예이며, 미국의 경우 품질개선 팀, 프로젝트 팀 그리고 QC 분임조 등이 있다고 하였다. 그리고 TQM을 성공적으로 수행한 개인이나 팀은 기업 내에서 인정되어야 하며, 포상을 수여함으로써 점진적으로 전 기업에 의사소통이 되어 회사의 방침을 인식하고 자기 분야에서 개선할 것을 찾게 된다고 하였다.

　해리 등(2000)은 6시그마의 실행과 추진을 위해서 기업들은 6시그마 혁신전략을 어떻게 집중적으로 추진하여 경영전략과 목표들을 달성할지 결정해야 한다고 하였다. 이를 위해서 6시그마를 추진할 조직을 구성하고 모든 종업원은 6시그마의 비전을 명확히 이해하고, 궁극적으로 그들의 작업을 개선하기 위해 특정한 6시그마 도구를 적용할 수 있어야 한다고 하였으며 각 계층의 명확한 역할 지침들을 제시하였다. 그리고 6시그마는 성과에 대한 충분한 보상이 따르는 한편, 혁신과 적극적 사고방식이 요구되는 하나의 도전이라고 하였다.

로우 등(2004)은 기업의 성패를 좌우하는 12가지 무형자산의 중요성을 강조하였다. 그중 보상은 성과에 큰 영향을 미치는 무형자산 요소이며 유명한 인적자원 컨설팅 회사의 연구에 의하면, 보상제도의 차이 때문에 회사들 간의 수익 차이가 14% 정도 난다고 하였다. 그리고 교육을 통해서도 재무적 성과를 볼 수 있으며, 최근 기업들은 이론가 피터 센게가 주창한 '학습조직'을 창출하기 위해 다양한 테크닉을 배우고자 하는 훈련의 개발 경향을 나타내고 있다고 하였다.

고객지향의 탁월한 성과와 시장에서의 성공을 지원하기 위해서는 정보를 효과적으로 수집하고 분석해야 한다. 정보는 필요한 사람들과 적절한 형태로, 또 편리한 방법으로 공유할 수 있어야 하며, 정보분석 결과가 개선활동이나 혁신활동을 추진하는 데 활용되어야 한다(MAP자문교수단, 2005). 노재범 등(2005)은 6시그마 프로젝트를 수행하기 위해서는 관련된 데이터의 수집이 필수적이며, 일반적으로 6시그마 프로젝트가 지연되는 원인은 기업 내 정보시스템에서 필요한 데이터가 관리되고 있지 않거나 있더라도 신뢰성에 문제가 있기 때문이라고 하였다. 따라서 6시그마를 성공적으로 추진하려면 데이터 수집과 신뢰성을 높일 수 있도록 정보인프라를 정비하여야 하며, 데이터 수집을 위한 정보시스템 이외에 '프로젝트 관리 시스템'과 같은 정보인프라도 필요하다고 하였다.

이상에서 살펴본 품질혁신을 위한 6시그마 활동의 인프라 요소들을 요약하여 보면 다음과 같다.

- 교육·훈련 시스템
- 전사적 개선활동 체계
- 전 사원의 관심과 참여
- 보상 및 인센티브시스템
- 정보시스템의 지원

(2) 린 인프라

기업들의 경쟁이 품질과 원가 측면에서 격화될수록 고객의 만족 대상은 시간 개념으로 옮겨졌다. 여기서의 시간 개념이란 남보다 빠르게 대응하는 것과 고객이 요구하는 적기에 대응한다는 것, 두 가지 개념이 포함되어 있다. 리드타임(Lead time)이란 '특정 목적을 달성하기 위해 요구되는 활동들이 착수 시점에서부터 순차적인 진행을 통해 목적을 달성하는 완료 시점까지 소요되는 기간 혹은 시간'을 말한다. 고객요구 리드타임보다 기업의 대응 리드타임이 짧다면 문제가 없시반 반내로 길면 적기에 닙품이 어려워지고 결국 고객에게 주문을 취소당하지 않으려고 제품을 미리 예측하여 만들어서 재고로 대응할 수밖에 없다(정일구, 2007).

도요타자동차의 오노가 공장장이 된 1962년도부터 1980년도에 이르는 기간은 도요타 생산방식이 정착되는 시기라고 볼 수 있는데, 모든 부분적 방법론을 안정시킬 수 있는 방법으로 '평준화'와 함께 '품질'을 완성시키는 활동을 추구하였다. '평준화' 생산의 의미는 일정기간 안에 생산 품종별로 요구되는 양이 설정되었다고 할 때 하나의 품종을 한꺼번에 모두 생산하고 다른 품종을 이어서 한꺼번에 생산하는 체계가 아니라 각 품종의 요구량을 최대공약수로 나누어 여러 번 반복 생산하는 체계를 말한다. 이를 위해서는 작업자 조건이 변해도 동일한 공정시간을 유지하는 것이 필요하며, 어느 작업자라도 바로 수행할 수 있고 쉽게 숙지할 수 있는 표준을 준비해야 한다(상게서). 신고(1992)는 "도요타 생산방식에서 현장 근무자는 표준작업을 스스로의 손으로 써 보지 않으면 안 된다."고 하였다. 또한 TPS는 철저한 낭비의 배제와 실수방지장치에 의한 불량의 발생 방지 등 현장에 인간의 지혜를 짜내어 효율적인 생산을 유지해 왔으며, 그것을 단결된 힘으로 모아 유지해 온 것이 바로 표준화 작업표라고 하였다. 표준화 작업에 있어 필요한 것은 효율적인 생산을 수행하기 위해 모든 조건을 고려해서 '물건과 기계와 인간의 움직임'을 가장 유효하게 조합시키는 것이며, 이 조합이 집약된 결과를 '표준작업'이라 한다.

　이렇게 표준화를 해도 프로세스상의 여러 요인에 의하여 변동이 발생된다. 린 방식에서의 흐름방식을 구축하기 위해서는 프로세스의 책임을 명확하게 하고 프로세스의 변동을 가시화시키는 '눈으로 보는 관리(Visual Management)'가 중요하다. 한편, 프로세스에서 불량의 발생은 매우 치명적이다. 도요타자동차에서는 1960년대에 에이지 도요다가 이끄는 전사적 품질관리(Total Quality Control)활동에 돌입하였으며, TQC 활동이 완료될 즈음 협력사와의 조달 수단인 '간판(Kanban)'의 운영체계가 동시에 정착되었다. 이는 품질이 안정되어야 계획한 대로 생산흐름을 진행시킬 수 있다는 점을 증명해 준다. 품질의 안정화를 위해 별도의 검사행위를 수행하지 않고 대상물이 흐르는 과정에서 물리적으로 판정할 수 있는 장치를 '실수방지장치(Fool proof system)'라고 하며, 이러한 개념을 활용하여 프로세스가 높은 수준으로 안정되게 운영되도록 하는 것이 필요하다(정일구, 2007).

　도요타는 '남다른 발상과 의식으로 남다르게 행동해서 남다른 결과를 내는 기업'이며, 중요한 것은 '남다른 행동'이다. 아무리 의식과 생각이 있어도 행동으로 실천하지 않으면 소용없다는 의미이며, "혁신은 표준을 많이 만드는 것이 아니고 기존에 있던 표준이더라도 지속적으로 번회시키는 일을 말한다"(상게서). 기업의 의무는 낭비 없는 원가를 추구해서 고객에게 가격만족을 지속적으로 제공하는 것이다.

도요타의 TPS가 세계적으로 관심을 끄는 것도 제조 현장에 흐름생산이라는 완벽한 가치흐름을 실현하기 때문이다. 린 방식의 가치흐름에는 원 소재의 창출부터 최종 소비자에게 이르기까지 관련된 모든 관계사들의 연결활동까지 포함시켜 분석하는 '광의의 가치흐름분석'이 있고 제품의 일정 군만을 선택해 제조과정만을 중점적으로 분석하는 '협의의 가치흐름분석'이 있다. 가치흐름의 분석은 낭비를 파악하고 개선활동을 통한 미래 상태의 가치흐름을 새롭게 구축해 나갈 수 있는 토대이며, 'VSM(Value Stream Mapping)'을 통해 분석할 수 있다.

이상에서 살펴본 낭비제거와 리드타임의 단축을 위한 린(Lean) 인프라 요소들을 요약하여 보면 다음과 같다.

- 기업 전반의 프로세스 표준화
- 전 사원의 표준화 실행 노력
- 공통의 툴과 시스템(VSM 등)의 활용
- 프로세스 변동에 대한 관리
- 정보와 물자의 흐름에 대한 빠른 예측

제2장 린6시그마 개선기법

린6시그마의 실행은 6시그마의 프로젝트 실행체계인 DMAIC 절차를 적용할 수 있다. 정의(Define)단계를 통하여 린6시그마 프로젝트를 정의하고, 측정(Measure)단계를 통하여 가치의 흐름을 검토하고 프로세스 사이클효율성(PCE)을 측정한다. 분석(Analyze)단계를 통하여 낭비요소를 발굴하고, 개선(Improve)단계를 통하여 낭비제거활동을 추진한다. 마지막으로 관리(Control)단계를 통하여 관리계획 수립과 표준화를 실시한다.

1) 정의(Define)

정의단계는 비즈니스 프로세스에서 발생하는 문제점에 대한 현상을 파악하고 고객 핵심요구사항 및 개선기회를 발굴하여 프로젝트화하는 단계이다. 문제에 대한 인식으로

부터 잠재 개선영역을 도출하는 과정에는 아이디어 창출을 위한 브레인스토밍(Brainstorming) 기법이 활용될 수 있으며, 프로세스 매핑이나 VSM과 함께 실행하면 더 효과적이다. 도출된 아이디어들은 친화도(Affinity Diagram)를 이용하여 연관성이 높은 것들끼리 묶어서 정리한다. 잠재 개선과제들은 우선순위를 평가하고 개선이 시급한 과제부터 개선 프로젝트로 정의하고 실행계획서를 작성한다.

(1) 브레인스토밍(Brainstorming)

브레인스토밍은 오스본이 개발한 아이디어 회의기법으로서 여러 사람이 자유롭게 창의적인 아이디어를 제시하고, 이를 결합하고 개선하여 더 많은 아이디어를 창출하는 방법이다. 브레인스토밍을 진행하는 과정에는 더 많은 아이디어 도출을 위하여 자유분방한 분위기, 비판금지, 아이디어의 질보다 양을 중시, 다른 아이디어를 개선 또는 결합하는 원칙을 적용한다. 브레인스토밍을 진행하기 위한 인원은 10명 이내로 구성하는 것이 좋으며, 리더가 주제와 회의진행방법을 설명하고 진행한다. 리더는 원칙적으로 아이디어를 내지는 않고 참여자의 두뇌를 자극하여 아이디어 도출을 유도하는 역할에 집중하는 것이 좋으며, 자유롭고 경쾌한 분위기를 유지하여 아이디어의 흐름이 끊기지 않도록 한다. 브레인스토밍을 활용하여 잠재적인 개선기회들을 도출할 수 있다.

(2) 친화도(Affinity Diagram)

친화도는 도출된 다량의 아이디어를 유사성이나 연관성에 따라 묶는(Grouping) 방법이다. 이 기법을 이용하면 자연스러운 연관관계에 따라 다양한 아이디어나 정보를 몇 개의 그룹으로 분류할 수 있으며, 정돈되지 않은 상태로 있는 여러 가지 아이디어나 생각들을 이해하기 쉽도록 분류할 수 있다.

〈그림 2-2〉 친화도 예시

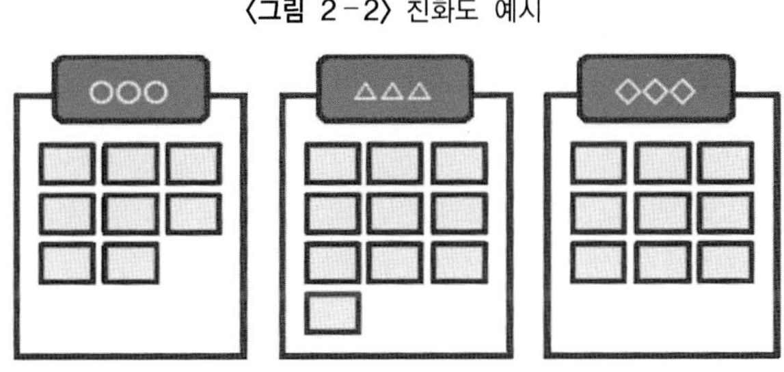

(3) 매트릭스 다이어그램(Matrix Diagram)

브레인스토밍으로 도출된 개선영역들에 대해서는 매트릭스 다이어그램을 활용하여 우선순위를 결정한다. 매트릭스 다이어그램은 매트릭스 형태의 표에 가중치와 평가점수를 기입하여 데이터를 알아보기 쉽게 표 또는 그림으로 나타내기 위한 도구이다. 매트릭스 다이어그램의 적용은 매트릭스의 Y축에 개선 대상 프로세스로부터 도출된 잠재 개선영역을 나열하고, X축에는 프로젝트 선정을 위한 평가기준을 나열한다. 우선순위의 결정을 위한 평가기준은 프로젝트 이해관계자들의 요구사항을 파악하여 선정하여야 하며, 평가기준의 중요도에 대한 가중치를 적용할 수 있다. 그리고 X축의 평가기준과 Y축의 잠재 개선영역에 대하여 각각 관계의 중요도 평가를 한다. 평가는 1∼10점의 척도를 이용하여 점수화하는데, 보통 약한 관계가 있는 경우 1점(△), 보통의 관계가 있는 경우 3점(○), 매우 강한 관계가 있는 경우 9점(◎)의 점수를 부여한다. 점수의 간격을 크게 분류하는 이유는 평가점수의 중심화 경향을 방지하기 위한 조치이다. 평가 점수부여가 완료되면 가중치를 곱한 합계점수를 산정하여 우선순위를 결정한다.

〈표 2-2〉 매트릭스 다이어그램 예시

잠재 개선영역	A	B	C	D	E	합계
(가중치)	7	3	5	3	7	
가가가……	◎	△	◎	△	○	135
나나나……	△	△	○	△	△	31
다다다……	○	△	◎	◎	△	113
라라라……	◎	◎	○	○	◎	177
마마마……	○	◎	○	△	◎	129
바바바……	○	△	○	△	△	49
사사사……	◎	○	○	△	△	97

(4) 프로젝트 실행계획서

매트릭스 다이어그램을 통하여 우선 개선영역이 발굴되면 고객 관점에서 중요한 핵심품질특성인 CTQ(Critical To Quality)를 정의하게 된다. CTQ란 고객의 요구사항이나 프로세스 요구조건을 만족시키기 위한 제품이나 서비스의 결정적인 품질요소를 의미한다. CTQ의 정의에서 중요한 사항은 측정 가능하여야 하며 반드시 고객 관점에서 접근하여야 한다는 것이다. CTQ가 정의되면 프로젝트의 목적을 잘 나타낼 수 있는 제목을 만들고, 프로젝트 실행계획서를 작성한다.

프로젝트 실행계획서의 추진배경은 고객과 경영목표와의 관련성을 고려하여 기술한다. 문제의 기술은 추상적인 표현을 피하고 객관적이고 사실적으로 표현하며, 문제의 원인이나 개선방향을 미리 기술하지 말고 현상중심으로 기술하는 것이 중요하다. 목표기술은 측정이 가능하고, 높은 수준의 혁신적인 목표를 설정한다. 프로젝트 범위는 추진기간을 고려하여 기한 내에 완료가 가능하고, 챔피언(Champion)과 프로세스 오너(Process Owner)의 지원 가능한 범위인지를 고려하여야 한다. 프로젝트 추진일정은 세부 단계별로 일정계획을 제시하고, 팀 구성은 프로젝트 참여자를 기술한다.

〈표 2-3〉 프로젝트 실행계획서 예시

추진 배경(Business Case)	문제 기술(Problem Statement)
해당 프로젝트가 왜 중요한 프로젝트인지 기술한다. 왜 이 프로젝트를 해야 하는가? 이 프로젝트를 해결하는 것이 고객에게 어떤 의미를 갖는가?	해결해야 할 문제 또는 개선의 기회를 보다 구체적으로 기술한다. 어떤 실패를 경험하였는가? 무엇이 잘못되었는가?
목표 기술(Goal Statement)	**프로젝트 범위(Project Scope)**
현재 프로세스의 능력과 개선목표를 기술한다. 프로세스 개선을 통한 기대효과는?	프로젝트의 범위 및 제약조건을 기술한다. 어떤 프로세스를 대상으로 하는가? 우리의 수행 범위가 아닌 것은? 우리의 권한 범위는?
프로젝트 추진일정(Project Plan)	**팀 구성(Team Selection)**
단계 추진기한 Define Measure Analyze Improve Control	■ 팀 리더: ■ 팀원:

2) 측정(Measure)

측정단계는 개선영역의 **CTQ**에 대한 현재수준을 측정하고 개선목표를 설정하는 단계이다. 린6시그마 프로젝트는 비부가가치의 제거에 특히 유용하며, 일반적으로 프로세스의 처리기간 단축과 같은 프로젝트가 대표적인 유형이 될 수 있다. 현재수준의 측정을 위해서는 대상 프로세스에서의 고객 가치(Value)를 정의하고 가치의 흐름을 파악한다. 개선 대상 프로세스의 분석은 프로세스 매핑기법을 활용할 수 있으며, 프로세스의 각 단계에서 요구되는 시간의 분석을 통해 잠재적인 개선영역을 파악할 수 있다.

(1) 프로세스 매핑(Process – Mapping)

프로세스는 한 종류 이상의 인풋(Input)을 투입하여 고객(Customer)에게 가치(Value)있는 아웃풋(Output)을 창출하는 활동(Activity)들의 집합을 의미한다. 프로세스 맵은 하나의 프로세스가 어떻게 수행되는가를 보여 주는 그림으로 프로세스 개선을 위한 핵심적인 분석도구이다. 프로세스 매핑은 전체 프로세스의 활동들이 어떻게 서로 연결되어 있고 누가 관련되어 있는지를 가시화함으로써, 팀원들이 프로세스에 대해 토론하기 위한 유용한 정보를 제공할 수 있다.

〈그림 2-3〉 프로세스 매핑 예시

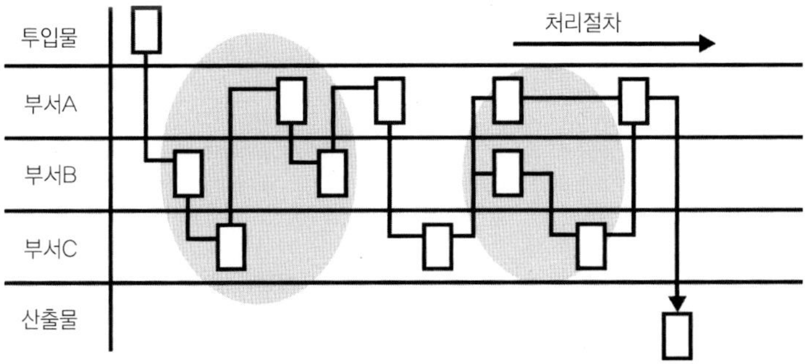

(2) 가치흐름도(Value Stream Map, VSM)

가치의 흐름 분석을 위해서는 가치흐름도인 VSM을 활용한다. VSM은 제조 부문과 서비스 부문 모두에서 활용될 수 있으며, 물류 및 정보의 흐름을 그림으로 나타내는 도구이다. VSM은 복잡한 실제 시스템을 2차원 형태로 단순하게 표현할 수 있으며, 가치 흐름의 전 과정에 대한 분석을 통하여 부가가치와 비부가가치 업무를 분리할 수 있도록 해 준다. VSM은 현재상태의 VSM과 미래상태의 VSM으로 구분되며, 다음과 같은 이점을 제공한다.

- 가치흐름을 볼 수 있으며, 낭비를 확인한다.
- 전체 시스템 관점에서 물류와 정보의 흐름을 모두 나타낼 수 있다.
- 린(Lean)으로 변환하기 위한 청사진을 제공한다.
- 개선을 위한 활동들의 우선순위를 정해 준다.

(3) 시간 데이터

VSM의 작성은 프로세스 또는 시스템과 관계된 이해관계
자들이 참여하는 워크숍 형태로 진행하는 것이 좋다. 여기
에 가치흐름의 핵심 경로를 따라 프로세스 리드타임(Lead
time) 및 사이클타임(Cycle time)을 조사하여 기입하고, 가능
하다면 사이클타임은 고객 부가가치시간과 비부가가치 시
간을 분리하여 기입한다. 프로세스 사이클 효율성을 측정하
기 위한 시간 데이터들은 다음과 같이 구분된다.

① 사이클타임(Cycle time, CT)

제품 또는 부품이 프로세스를 거치는 시간 간격으로 관찰에 의해 측정되는 시간이다. 이는 각 부품이 순차적으로 프로세스의 끝에서 완성되어 나가는 시간 또는 작업자가 행하는 모든 작업활동이 반복되기 전까지 소요된 시간을 의미한다. 사이클타임은 가치의 정의에 의하여 고객 부가가치 시간(CVAT)과 비부가가치 시간(NVAT)으로 구분될 수 있다.

● *사이클타임(CT)＝고객 부가가치 시간(CVAT)＋비부가가치 시간(NVAT)*

② 리드타임(Lead time, LT)

하나의 제품 또는 부품이 프로세스 또는 가치흐름의 시작부터 끝까지 전체를 통과하는 데 소요되는 시간이다. 흐름생산이나 배치(Batch)생산의 경우 현장에서 부품에 특정 표시를 하고 처음부터 끝까지 움직이는 시간으로 측정할 수 있다. 리드타임은 표준 작업시간과 정체시간으로 구성되며, 공정재고(Work in process, WIP)량과 생산속도를 이용하여 추정할 수도 있다.

● *리드타임(LT)＝평균 공정재고량/평균 생산속도*
● *평균 공정재고량＝(기초재고량＋기말재고량)/ 2*

- *평균 생산속도 ＝(투입량 ＋ 산출량) / 2*

③ 비부가가치 시간(Non － value added time, NVAT)

비부가가치 시간은 과잉생산, 재고, 대기, 운반, 가공, 동작, 불량의 낭비발굴을 통하여 정의될 수 있다.

- *비부가가치 시간(NVAT)＝사이클타임(CT)－고객 부가가치 시간(CVAT)*

④ 고객 부가가치 시간(Customer Value － added time, CVAT)

고객 부가가치 시간은 순수하게 고객을 위해 소요된 가치 활동 시간을 의미한다.

- *고객 부가가치 시간(CVAT)＝사이클타임(CT)－비부가가치 시간(NVAT)*

(4) 린6시그마 성과척도

린6시그마의 성과는 재고, 납기, 시간 관점에서 다양하게 측정될 수 있다. VSM을 통하여 분석된 시간 데이터를 활용하여 프로세스의 현재 성과수준을 나타내는 방법으로는 프로세스 생산능력과 프로세스 주기효율성의 척도가 주로 사용된다.

① 프로세스 생산능력(Process Production Capability)

프로세스 능력은 프로세스가 가용 작업시간 동안 생산 가능한 부품 수를 나타내며, 가용작업시간, 사이클타임, 가동률을 통해 계산된다.

어떤 프로세스의 가용 작업시간이 450분이고, 사이클타임은 1분, 기계 가동률은 90%의 상황이라면 프로세스 생산능력은 (450/1)*0.9＝405(개)로 해석될 수 있다. 만약 고객 수요가 프로세스 생산능력을 초과한다면 단기적으로 초과 근무를 필요로 하며, 장기적으로 사이클타임의 단축 혹은 가동률 향상을 위한 개선활동이 수반되어야 한다.

② 프로세스 사이클 효율성(Process Cycle Efficiency, PCE)

프로세스 사이클 효율성은 전체 리드타임 중에서 고객 부가가치 시간이 차지하는 비율을 의미한다. 고객부가가치 시간은 표준작업시간의 현장조사를 통하여 비부가가치시간을 제외하고 산정될 수 있다.

어떤 프로세스의 사이클 효율성은 업무 영역이나 산업별로 다양하게 나타날 수 있으나, 일반적으로 25% 이상인 경우 세계적인(World class) 수준으로 해석한다.

3) 분석(Analyze)

분석단계는 가치흐름의 속도에 영향을 미치는 비부가가치 요소들을 발굴하는 단계이다. 프로세스 매핑 활동과 병행하여 이해관계자들의 브레인스토밍을 통해 비부가가치의 낭비 요소들을 수집할 수 있다. 수집된 낭비요소들은 VSM을 작성하는 과정에서 현장에 대한 세심한 관찰을 통하여 확인하고, 이는 가급적 정량화하여 분석한다. 브레인스토밍을 통하여 수집된 낭비요소들에 대해서는 로직트리(Logic Tree)를 이용하여 구조화 분석을 한다. 낭비의 정량화를 위한 분석에는 스파게티 다이어그램(Spaghetti Diagram), 5S 진단, 설비종합효율, 워크 샘플링(Work Sampling), 라인 밸런스 효율(Efficiency of Line Balance), 유동수 분석 등을 활용할 수 있다.

(1) 로직 트리(Logic Tree)

로직 트리는 최종 분류된 구성 요소들을 계통적으로 구조화하는 기법이다. 이는 논리적 사고를 촉진하고 폭 넓은 아이디어를 창출할 수 있도록 도와준다. 또한 구성요소들의 원인과 결과의 관계를 쉽게 파악할 수 있도록 해 준다. 로직 트리의 작성은 하위의 구성요소들의 합이 상위 구성요소가 될 수 있도록 각각의 구성요소들을 빠짐없이 그리고 중복 없이 작성하는 것이 중요하다. 로직 트리는 VSM을 통해 파악된 가치흐름상의 낭비요소들을 발굴해 내고, 이를 계통적으로 정리하는 데 유용하게 활용될 수 있다.

<그림 2-5> 로직 트리 예시

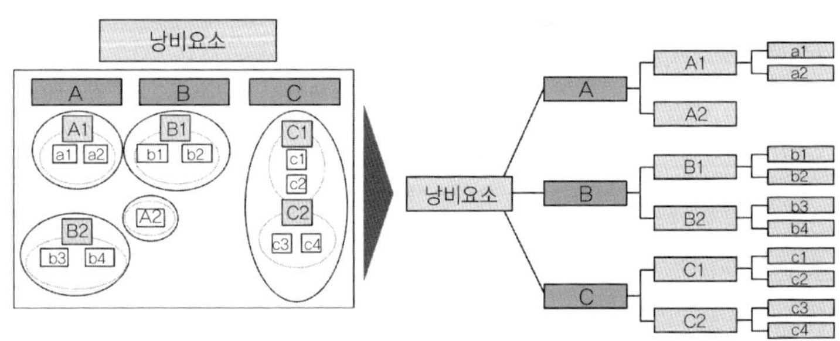

(2) 스파게티 다이어그램(Spaghetti Diagram)

스파게티 다이어그램은 물류 또는 가치의 흐름 동선과

이동거리 분석을 통하여 운반의 낭비를 파악하는 데 유용한 기법이다. 레이아웃(Lay – out) 상에서 물류의 구간별로 운반거리와 운반회수의 조사를 통하여 총 운반거리가 높은 구간들을 조사하고 낭비요소들을 발굴하여 효율적인 흐름 동선을 파악하는 데 도움을 준다.

〈그림 2-6〉 스파게티 다이어그램 예시

To FR	A	B	C	D	E	F	G	H
A		65	50	30	20			
B			45				100	
C				40	60			
D					10			160
E						15		90
F							5	20
G								25
H								

이동 구간별로 각각의 운반거리와 운반횟수를 일정기간 측정하여 총 운반거리를 분석할 수 있으며, 이를 유입유출표(From – To Chart)라고 부른다. 유입유출표 분석을 통하여 총 운반거리가 높은 이동구간을 파악할 수 있다. 그림에서는 D에서 H까지의 총 운반거리가 160으로 가장 높은 수치를 나타내고 있다.

(3) 5S 진단(5S Assessment)

5S 활동은 정리(Seiri), 정돈(Seiton), 청소(Seisoh), 청결(Sei-ketsu), 습관화(Shitsuke)의 5단계 활동을 의미한다. 깨끗하지 못한 작업환경은 제품의 품질, 작업자의 안전과 일하는 마음가짐에 영향을 미치게 된다. 또한 정돈되지 않고 복잡한 작업환경은 프로세스의 흐름에 많은 낭비를 초래하게 되므로 일상적인 관리가 필요한 기본활동이다. 개선이 필요한 영역에 대하여 5S 진단 체크리스트(Check-list)를 통하여 낭비를 발굴하고, 레이더 차트와 같은 정량화된 평가를 통해 취약한 영역을 분석할 수 있다.

〈그림 2-7〉 5S 진단 예시

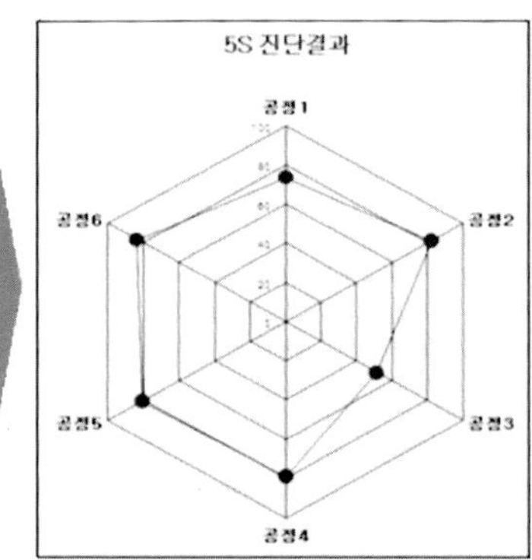

(4) 설비종합효율(Overall Equipment Effectiveness, OEE)

설비종합효율은 현상의 설비가 시간적, 속도적, 양품률 측면에서 총합적으로 제품을 만들어 내는 시간에 어느 정도 기여하고 있는가를 나타내는 척도이다. 이는 프로세스가 얼마나 효율적인가를 나타내는 것이며, 프로세스의 유용성, 생산성 그리고 품질을 결합하여 전체적인 능률을 측정한다.

- *설비종합효율(OEE)＝시간가동률(Availability)×성능가동률(Productivity)×양품률(Quality)*

〈그림 2-8〉 조업시간의 분해

① 시간가동률(Availability)

시간가동률은 부하시간에 대해 설비의 고장, 준비, 조정, 툴(Tool) 교환 등의 정지시간을 제외한 가동시간의 비율이다.

- *시간가동률＝(가동시간/부하시간)×100(%)*

② 성능가동률(Productivity)

성능가동률은 속도로스를 산출하는 지표이며, 시간가동률로 나타나지 않는 속도로스를 산출하는 것으로서 정미가동률과 속도가동률로 구성된다. 정미가동률은 일정속도로 가동되고 있는지를 나타내는 것이며, 속도가동률은 표준 사이클타임으로 표현되는 표준속도에 대해 실제속도가 어떤 상태인지를 나타내는 것이다. 성능가동률은 정미가동률과 속도가동률의 곱으로 산출된다.

- *성능가동률(%)＝정미가동률×속도가동률*
- *정미가동률＝[(생산수량×실제 사이클타임)/(부하시간－정지시간)]×100(%)*
- *속도가동률＝(이론 사이클타임/실제 사이클타임)×100(%)*

③ 양품률(Quality)

양품률은 투입수량에 대한 양품 수의 비율이다. 양품은 투입수량에서 초기 시작 시의 불량, 공정 내 불량, 불량 수리품을 뺀 것을 의미한다.

- *양품률＝(양품수량/투입수량)×100(%)*

(5) 워크샘플링(Work Sampling)

워크샘플링은 작업자나 설비의 가동상태를 하루 종일 또는 작업사이클 전체에 걸쳐 연속 관측하는 것이 아니라 랜덤(Random)하게 선정한 시점에서 관측한 표본(Sample) 자료를 통해 통계적으로 추정하는 기법이다. 워크샘플링은 측정항목을 분류하고 측정계획을 설계하여 작업시간과 비작업시간의 비율을 측정한다. 비작업시간은 측정용지에 그 이유를 기록할 수 있도록 설계하는 것이 좋으며, 본 관측을 실시하기 전에 예비관측을 통하여 측정의 신뢰도를 검토하는 것이 좋다.

〈표 2-4〉 워크샘플링 조사 예시

관측 번호	작업자 관측시간	A	B	C	D	E	계	상황
1	08:25	○	○	○	○	○	5	
2	10:45	○	○		○	○	4	불량처리 1
3	13:10		○	○	○	○	4	준비 1
4	15:30	○	○			○	3	준비 1, 여유 1
5	17:20	○	○	○	○		4	자재조달 1
계		4	5	3	4	4	20	

관측결과에 대하여 비작업시간을 의미하는 유휴비율을 조사한다. 표의 예에서 5명의 작업자에 대한 5회의 랜덤 관측결과, 총 25회 관측에서 작업시간이 20회로 나타났다면

가동률은 80%이다. 나머지 20%의 비작업시간에 대한 원인의 조사를 통하여 낭비요소들을 도출할 수 있다. 표본자료를 이용한 통계적 추정에서는 관측 횟수의 증가에 따라 오차는 감소된다.

(6) 라인 밸런스 효율(Efficiency of Line Balance)

라인밸런싱(Line Balancing)이란 흐름생산라인에서 각 공정이 지니고 있는 능력을 최대한 발휘하면서, 각 공정의 능력을 균형 있게 만드는 것을 의미한다. 흐름라인에서는 공정 또는 작업장이 라인 형태로 구성되어 운영되는데, 이때 작업장별로 작업량이 모두 같지 않기 때문에 작업장에 따라 정체 내지 유휴시간이 발생하게 된다. 라인 밸런스 효율을 분석함으로써 소요작업시간이 가장 길며 가장 지연되는 공정을 의미하는 애로(Bottleneck)공정을 파악할 수 있다. 라인밸런스 효율은 85% 정도에서 보통수준으로 해석하며, 라인밸런스 효율을 향상시키는 것은 가장 경제적으로 개선활동을 하는 방법이 될 수 있다. 라인밸런스 효율은 순수한 작업시간과 전체 투입시간의 비율로 계산할 수 있다.

● *라인밸런스 효율(%)＝표준시간(사이클타임)의 합계/(애로공정 작업시간×작업인원 수)*

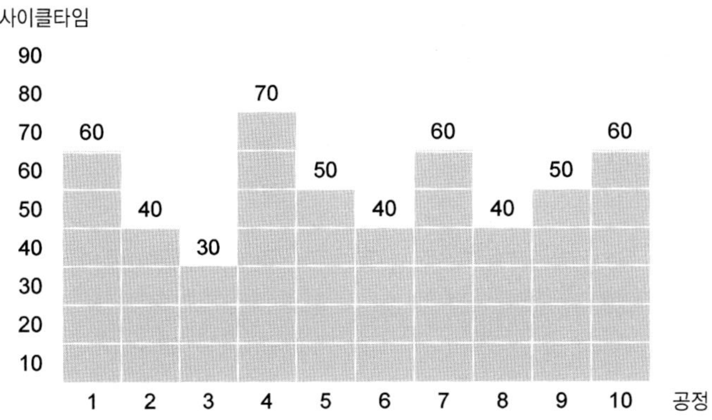

상기 분석 예시에서 각각의 공정 작업이 사이클 작업이고, 작업인원이 각각 1명이라고 가정할 때, 라인밸런스 효율은 다음과 같이 계산된다.

$$라인밸런스효율 = [(60 + 40 + 30 + 70 + 50 + 40 + 60 + 40 + 50 + 60)/(70 \times 10명)] \times 100(\%) = (500/700) \times 100 = 71.4(\%)$$

이는 전체 투입시간이 700단위일 때, 그중 200단위는 대기시간의 낭비로 없어지는 것을 의미한다. 라인밸런스 효율의 향상을 위해서는 애로공정을 분할하거나 작업시간이 작은 공정들을 병합함으로써 각 공정의 여력을 균형화시키는 데 초점을 맞추어야 한다.

(7) 유동수 분석

유동수 분석은 특정한 기준공정을 중심으로 앞 공정에서
받아들인 제품의 누계 선을 일자별로 도시하고 다음 공정
으로 보내는 제품의 누계 선을 일자별로 도시해서 재공기
간과 재공량을 그래프로 파악하는 방법이다. 유동수 그래프
의 작성방법은 다음과 같다.

- 가로 축에는 생산일자를 기록한다.
- 세로축에는 누계 생산수량을 기록한다.
- 세로축 위에는 그 현장의 전월 말 이월잔고를 점으로 표시한다.
- 이월 잔고를 기준으로 앞 공정으로부터 받아들인 수량의 누
  계량을 가산해 나가면서 입고 누계 선으로 표시한다.
- 다른 하나의 그래프는 생산실적의 완성수량을 0을 기점으로
  시작하여 일자 별로 완성품의 누계량을 가산하여 완성 수 누
  계 선으로 표시한다.

<그림 2-10> 유동수 분석 예시

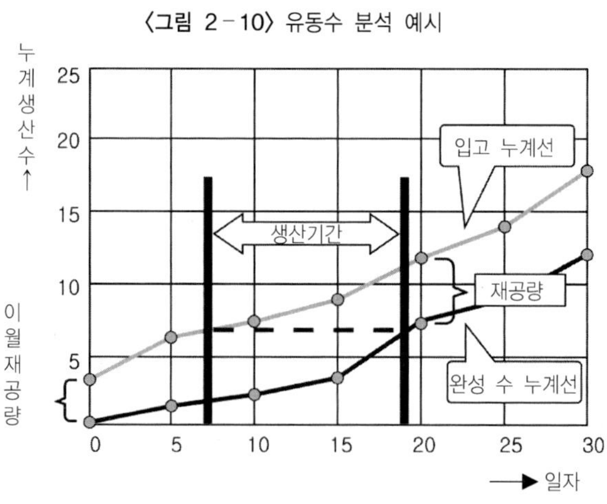

4) 개선(Improve)

개선단계는 정리와 정돈의 2S 활동, 설비중심의 TPM 활동, 준비교체시간 단축, U - 라인, 간판(Kanban) 방식의 적용을 통하여 비부가가치의 낭비를 제거하고 가치의 흐름을 빠르게 하는 실질적인 개선활동의 단계이다.

(1) 2S 활동

2S는 정리(Seiri)와 정돈(Seiton) 활동을 의미한다. 정리란 필요한 것과 필요 없는 것을 명확히 구분하여 필요 없는 것을 제거하는 것이다. 정리의 가장 중요한 포인트는 과감히 버릴 수 있는 결단과 기술이다. 정돈은 필요한 물건에 대하여 찾는 시간을 배제하고 쉽게 찾아 쓸 수 있는 환경을 조성하는 것이다. 정돈은 필요한 것이 어디에 무엇이 얼마나 있는지 누구나 분명하게 알 수 있도록 관리하는 것이 중요하다. 정리와 정돈은 다음 절차에 따라 진행한다.

- 필요한 것과 필요하지 않은 것을 분류한다.
- 필요하지 않은 것을 별도의 장소로 이동한다.
- 성발로 필요하지 않은 것은 버린다.
- 집중적으로 개선하여 정돈한다.
- 어디에 무엇이 몇 개 있는지 명시한다.

정돈활동을 위해서는 필요한 물건에 대하여 정위치, 정용기, 정량의 '3정 원리'를 적용한다. 정위치는 눈으로 관리가 가능하도록 표시하는 것이다. 정용기는 가급적 소형화하고, 담기 쉽고 꺼내기 쉽도록 한다. 정량은 계수가 용이하도록 정수 비로 담고 한 종류 혹은 로트 단위로 담는다.

(2) TPM(Total Productive Maintenance)

TPM은 전원참가를 통하여 설비중심의 재해, 불량, 고장 제로를 추구하여 생산시스템을 효율화하는 혁신활동을 의미한다. 궁극적으로 현장의 체질을 바꾸는 TPM 활동은 다음과 같은 개선효과를 기대할 수 있다.

- 설비측면: 산포가 적고 강제열화가 없는 설비
- 수율측면: 환경, 설비에 의한 불량이 없는 설비
- 행동측면: 현장개선 및 유지관리에의 적극적 참여
- 안전측면: 사고가 없고 쾌적한 작업현장 구현

TPM 활동은 세부적으로 설비의 체질개선을 위한 계획보전과 개별개선 활동이 있으며, 사람의 체질개선을 위한 자주보전과 교육훈련 활동으로 구분되고 각각의 활동내용은 다음과 같다.

① 계획보전

예방보전 체계를 확립하고 고장재발방지 및 보전시간을 단축한다.

② 개별개선

설비종합효율을 향상하고 불량감소 및 자재수율 향상을 통한 수익성을 개선한다.

③ 자주보전

자주적인 소집단 개선활동의 추진을 통하여 최상의 설비 상태를 유지하고 근무환경을 개선한다.

④ 교육훈련

생산성 향상 마인드를 갖추고 설비 및 작업방법에 강한 인재를 육성한다.

(3) 준비교체시간(Set-up Time) 단축

준비교체시간이란 현 제품의 생산종료 시점으로부터 다음 제품의 교체 및 조정을 하여 완전히 양품이 생산되기까지의 시간을 의미한다. 준비교체작업은 흐름생산을 방해하는 주요 요소로서 금형 또는 지공구의 교환작업, 정밀 절삭가공이나 화학장치 등에서 기준을 변경 조정하는 작업, 조립품이나 부품의 교환작업, 생산 전의 일반 준비작업 등이 있다. 준비교체시간의 단축을 위해서는 준비교체작업을 다음과 같이 세분화하여 소요시간을 분석함으로써 개선의 기회를 찾아야 한다.

① 내 준비시간(Internal Set – up Time)

현재의 가공이 끝났을 때부터 다음 가공을 하여 양품이 나올 때까지의 시간을 의미하며, 기계가 가공물에 부가가치를 생성하지 않는 시간으로서 기계나 설비를 세우지 않으면 안 되는 준비작업의 소요시간

② 외 준비시간(External Set – up Time)

기계가 가동되고 있을 때 기계 밖에서 준비교체를 위한 사전준비 또는 후 처리를 하는 시간으로서 기계나 설비의 가동과는 무관하게 할 수 있는 준비작업에 소요되는 시간

③ 낭비시간(Waste Time)

치공구를 찾거나 크레인을 대기하는 것과 같이 준비작업에 직접 관계되지 않는 작업에 소요되는 시간

(4) U – 라인 배치

U – 라인은 생산라인의 출구와 입구를 같은 위치에 배치하는 방식으로 생산량의 변화에 대응하기 위해서 작업자의 수를 유연하게 배치할 수 있는 장점을 갖는다. 출구와 입구

의 작업을 동일한 작업자가 수행하면서 생산라인 내의 재
공품 수량을 일정하게 유지할 수 있으며, 각 기계마다 재공
품을 표준 보유량만 유지하게 함으로써 작업자 간 불균형
을 가시화하여 공정의 개선을 촉진할 수 있다.

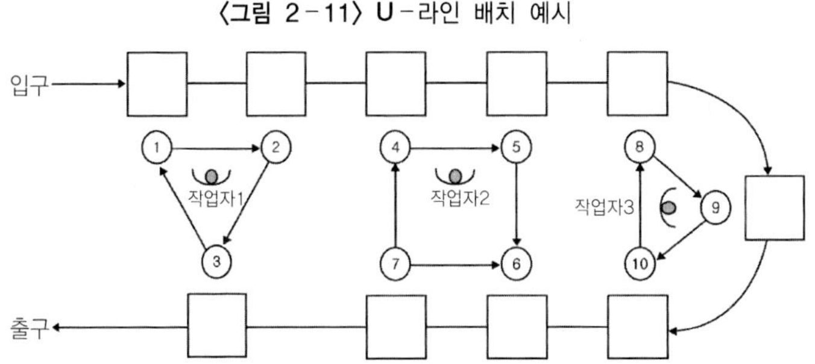

〈그림 2-11〉 U-라인 배치 예시

(5) 간판(Kanban) 방식

간판방식은 슈퍼마켓에서 고객이 물건을 구입하면 매일
팔린 양만큼 보충하여 진열하는 방식을 벤치마킹한 개념이
다. 간판이란 서로 떨어져 있는 공정 또는 회사를 보이지
않는 컨베이어(Conveyor)로 연결해 놓은 것처럼 동기화시켜
후 공정 또는 고객의 요구에 유연하게 대응할 수 있는
JIT(Just-in-time)의 관리수단이다. 간판은 물건과 정보를
연결해 주는 도구로서 눈에 보이는 관리상태를 유지하여
문제를 가시화하고 자연스럽게 개선활동으로 연결해 주는

기능을 발휘한다. 간판은 다음과 같은 사항에 유의하여 운
영하여야 한다.

- 후속공정은 필요한 부품을, 필요한 때에, 필요한 수량만큼 선
  행공정에서 인수한다.
- 선행공정은 후속공정이 인수해 간 물품의 수량만큼 생산한다.
- 불량품을 후속공정에 보내지 않는다.
- 간판의 수는 최소화한다.
- 간판은 소폭의 수요변동에 적응하도록 이용한다.

〈그림 2-12〉 외주 납입간판의 예시

< 외주 납입간판 >		
간판 POST 35	부품 LOCATION 12-09	한국전자
	BAD CODE	
납입 CYCLE 1-4-2 납입업체 KBS	품 번 123-45678 품 명 DOOR 등번호 121 품 명 A-01 등번호 50	입고장소 C-21

5) 관리(Control)

관리단계는 개선된 가치흐름을 유지하기 위한 활동 단계
이다. 눈으로 보는 관리(Visual Management)와 표준작업 등

을 통하여 비부가가치의 낭비 발생을 쉽게 파악할 수 방법
을 개발하고 적용함으로써 끊임없이 개선활동이 촉진될 수
있도록 관리한다.

(1) 눈으로 보는 관리(Visual Management)

눈으로 보는 관리는 생산현장의 사정을 잘 알지 못하는
경영진 등도 현장을 둘러보는 것만으로 현장의 상태를 파
악하고 문제점을 지적할 수 있도록 하는 것이며, 비부가가
치의 낭비를 가시화하여 현장의 관리 상태를 유지하기 위
한 활동이다. 눈으로 보는 관리의 성공요소는 관리도구의
개발과 지속적인 개선 그리고 운용방법을 명확화하고 공유
하는 것이다. 눈으로 보는 관리도구의 설계는 멀리서도 금방
알 수 있고 정상인가 이상인가를 누구나 지적할 수 있게 하
는 것이며, 필요 이상의 표시를 하는 것은 바람직하지 않다.

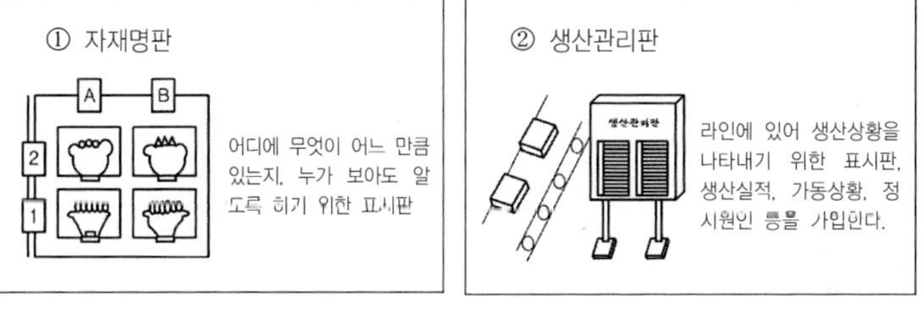

〈그림 2-13〉 눈으로 보는 관리도구의 예시

(2) 표준 작업(Standardized Work)

표준작업은 사람, 기계, 물품을 가장 효율적으로 조합해서 작업방법을 표준화하여 생산함으로써 능률적인 작업으로 생산성을 향상시키는 것을 의미한다. 표준작업의 전제조건으로는 작업측면에서 반복작업이고 설비측면에서 설비의 문제점과 가동 편차가 적고 품질측면에서 산포가 적어야 한다. 표준작업은 작업순서, 택트 타임(Tact time), 표준 재공의 3요소가 핵심이다.

- 작업순서: 제품을 조립·가공·운반하는 과정에서 낭비 동작 없이 가장 효율적으로 수행하는 순서
- 택트 타임(Tact time): 정해진 시간 내에 필요한 수량을 생산하기 위해 제품 1개를 만드는 데 필요한 시간
- 표준 재공: 불필요한 재공품 재고를 제거하기 위한 관점에서 각 작업자가 반복작업을 수행하는 데 필요한 최소의 재공품 수량의 표준

표준작업을 위해서는 다음과 같은 문서화된 도구들이 활용된다.

① 공정별 능력표

각각의 공정에서 부품을 가공할 때 공정 내의 생산 및 가공능력을 나타내는 것으로 표준작업 편성표를 작성하는 기준이 된다.

② 표준작업 편성표

택트 타임을 기준으로 사람의 움직임과 기계의 움직임을 조합시켜, 작업자의 작업범위를 설정하고 작업순서를 결정하기 위한 도구이다.

③ 표준작업 지도서

작업을 지도하는 현장작업의 표준서로서 공정별 능력표와 표준작업편성표를 기준으로 작성한다. 또한 작업에 대한 품질·안전사항을 정리하여 작업자에 대한 교육자료 및 택트 타임에 대응할 수 있도록 하며, 누가 작업하든지 반복작업이 가능하고 안정된 품질이 확보될 수 있도록 작업단위를 결정한다.

④ 작업요령서

각각의 기계설비나 공구의 조작방법을 정확하고, 안전하며 낭비가 없이 효율적으로 사용할 수 있도록 순서를 정하고 작업에 대한 중요사항을 그림으로 알기 쉽게 표기한 문서이다.

⑤ 표준 작업표

생산라인의 작업상태를 알 수 있도록 해당 공정에 게시하여 눈으로 보는 관리도구로 활용하는 문서이다.

 **제3장** 린6시그마와 기업성과

린 방식에서 강조하는 속도에 대한 측정은 프로세스 사이클 효율성(Process Cycle Efficiency)을 통해 확인할 수 있다. 이는 부가가치 시간이 총 리드타임에서 차지하는 비율을 의미한다. 평균적으로 PCE가 25% 수준이면 린(Lean) 프로세스라고 할 수 있으며 PCE를 5%에서 25%까지 높이면 제조간접비와 품질비용을 20% 정도 줄일 수 있다.

1) 기업 성과측정 모델

(1) 말콤볼드리지(Malcolm Baldrige National Quality Award; MBNQA) 모델

MBNQA(이하 MB라 함)는 1987년 레이건 행정부와 의회가 1970년대 이후 점차 자신감을 상실해 가고 있는 미국

기업들에게 강력한 위기의식을 고취하고 차별적 경쟁력 제고와 방향을 제시하기 위하여 제정하였다. '경영품질(Management Quality)'은 고유명사로서 경영시스템의 경쟁력을 향상시키기 위한 경영혁신 개념이고, 개인으로 본다면 업무 경쟁력을 높일 수 있는 개념이다. 이런 경영품질의 방향과 수준을 가늠할 수 있는 객관적인 근거로서의 MB모델은 하버드대학의 교수를 포함해 많은 전문가들이 도출해 낸 초일류 기업의 성공요인이기에 더욱 중요한 의미를 가지며, 경영품질의 글로벌스탠더드로 불린다. MB모델이 추구하는 궁극적인 목표는 탁월한 성과(Business Excellence)를 겨냥한 체계적인 경영시스템을 확립하는 데 있으며 〈그림 2 – 14〉와 같은 구조를 갖는다(MAP자문교수단, 2005).

<그림 2-14> MBNQA 구조

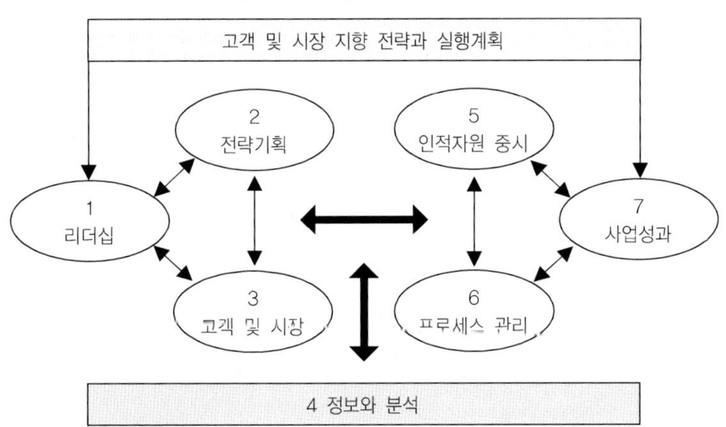

출처: MAP자문교수단(2005)

MB모델의 평가체계는 리더십, 전략기획, 고객 및 시장, 정보와 분석, 인적자원 중시, 프로세스 관리, 사업성과에 대한 7개 범주에서 총 1000점 만점으로 구성된다. 이 중 기업성과에는 450점이 배정되어 있으며, 그 성과는 다시 고객중심 결과, 재무적 시장에서의 결과, 인력관리 결과, 조직의 효율성 결과 측면으로 균형 있는 시각에서 경영품질의 성과를 평가한다. MB모델의 영역별 평가 점수 배분은 〈표 2-5〉와 같다.

〈표 2-5〉 MBNQA 범주별 평가기준

범주	영역	점수
리더십	조직 리더십 공공책임과 공인의 자격	120
전략적 계획	전략 개발 전략 실행	85
고객과 시장 중심	고객과 시장지식 고객관계와 만족	85
정보와 분석	측정과 조직적 성과에 대한 분석 정보관리	90
인력관리 중심	근무 체계 직원 지식교육, 실습교육 및 개발	85
프로세스 관리	상품, 서비스 프로세스 기업 프로세스 지원 프로세스	85
기업성과	고객중심 결과 재무적 시장에서의 결과 인력관리 결과 조직의 효율성 결과	450

(2) 성과 피라미드(Performance Pyramid) 모델

극심한 경쟁, 제품 다양화, 보다 짧아지고 있는 제품수명주기, 그리고 보다 개선된 제품과 공정기술은 기업성공에 대한 틀을 변화시키고 있다. 이는 성과에 대하여 시장과 재무목표를 개별 사업시스템의 부문이나 구성요소에 대한 명확한 활동 측정치로 전환시킴으로써 운영(operations)들이 전략적인 목표와 연계되는 것을 요구한다(린치 등, 1998). 〈그림 2 - 15〉의 성과 피라미드는 톱 다운(Top - down)으로부터의 전략적 목표와 보텀 업(Bottom - up)으로부터의 성과 측정치를 설명함으로써 전략과 운영 간의 효율적인 연결을 확인시켜 준다.

외부 측정치로는 품질과 납기가 있다. 품질은 불량이 없는 제품 혹은 소비자의 납기를 100% 시간에 맞게 고객의 기대를 충족시키는 것이다. 품질은 오늘날 시장에서 더 광범위한 의미를 갖는데 이는 특성, 성과, 내구성, 신뢰성, 모양 그리고 인지된 품질 등과 관계가 있다. 한편 납기는 고객, 사용자, 다음 부서에게 적시에 인도된 제품 혹은 서비스의 수량이다. 좋은 납기는 성과가 기대치와 일치할 때 발생하며 그 성과는 수량과 적시성의 두 가지 측면이 있다. 한편 내부 측정치로는 처리시간과 낭비가 있다. 처리시간은 프로세스 시간, 이동시간, 검사시간 그리고 저장시간의 합이다. 단지 프로세스 시간만이 '부가가치 시간'이 된다. 전형적으로 총 처리시간의 5%만이 부가가치를 창출하는 데 기여하며, 95%는 대기상태를 갖는다. 한편 낭비는 고객의 요구사항을 만족시키는 데 필요한 부가가치가 없는 활동 및 자원을 말한다. 낭비는 실패, 평가 및 과잉과 관계된 모든 노력과 비용을 포함한다. 불필요한 장기 처리시간과 낭비에는 수많은 개선의 기회가 존재한다.

<그림 2-15> 성과 피라미드 모델

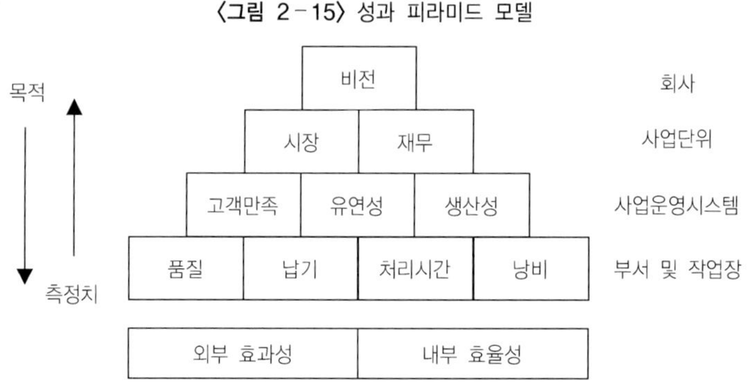

출처: 린치 등(1998).

(3) 국가생산성경영체제(National Productivity Management System; NPMS) 모델

국가생산성경영체제(NPMS) 모델은 선진국들의 경우 민·관이 단합하여 혁신으로 앞서나가는 상황에서, 우리나라는 생산성의 함정에 빠져 성장의 한계상황에 봉착해 있는 위기를 극복하고 기업 혹은 조직의 생산성 혁신을 견인하기 위하여 '산업발전법'에 의거 2004년 수립되었다. 기업이 생산성 향상의 원천이 되는 요소를 정의하고, 이를 조직에 유기적으로 통합해 나가는 것은 생산성의 성과에 매우 중요하다. 생산성경영체제는 생산성을 중심으로 경영하기 위한 모델로서 생산성 향상의 원천이 되는 요소를 고객·시장 중시, 제품개발 프로세스, 생산운영 프로세스, 인적 자원관리, 신뢰문화 그리고 정보와 활용으로 정의한다. 생산성경영체제의 등급평정 모델은 9개 범주로 구분되며 총 1000점을 만점으로 평가된다. 이 중 생산성 성과의 배점은 200점이며 재무성과, 고객중시성과, 제품개발성과, 생산운영성과의 4가지 항목으로 구분되어 균형 있게 평가된다. 각 범주별 배점은 〈표 2-6〉과 같다(한국생산성본부, 2004).

〈표 2-6〉 국가생산성경영체제(NPMS) 범주별 평가기준

범주	심사 영역	점수
1.0 생산성 비전	비전설정, 전략기획, 성과평가 및 활용	100
2.0 고객·시장 중시	시장·고객에 대한 이해, 고객과의 관계 강화, 고객 만족수준의 측정 및 활용	120
3.0 생산성 혁신	혁신목표 및 과제선정, 조직의 변화관리, 생산성 혁신성과 평가	120
4.0 신뢰문화	관리자의 리더십, 신뢰관계, 공급사의 동반관계, 임직원 신뢰수준 평가 및 활용	80

범주	심사 영역	점수
5.0 인적자원관리	인적 자원전략, 업무설계와 평가보상, 핵심역량 개발, 업무환경 및 지원	100
6.0 제품개발 프로세스	제품기획, 신제품 개발, 신제품 개발성과 측정	120
7.0 생산운영 프로세스	생산·물류 프로세스, 구매조달 프로세스, 설비관리 프로세스, 품질관리 프로세스	100
8.0 정보와 활용	성과정보 측정, 지식관리, 정보관리	60
9.0 생산성 성과	재무성과, 고객중시성과, 제품개발성과, 생산운영성과	200
합　계		1000

출처: 한국생산성본부(2004).

(4) 6시그마 BSC 모델

굽타(2005)는 그의 저서 '6시그마 BSC(Six Sigma Business Scorecard)'에서 다양한 성과측정방법들의 장점과 한계들을 제시하였다. 특히 품질시스템에 대한 측정방법의 하나인 ISO(International Organization for Standardization) 표준 프로세스 모델의 경우 많은 기업들이 프로세스의 표준화, 비즈니스 성장, 고객 신뢰, 공장 내의 혼란감소와 더 나은 관리 등을 위하여 채택한다고 하였다. 그러나 ISO 모델에서 성과측정시스템의 부재에 대해 지적하면서 다음과 같은 문제점들을 제시하였다.

- 과도한 문서 및 문서작업
- 비즈니스를 행하는 방법에 변화가 없음
- 관리의 무지

한편 ISO 9000 시스템의 표준이 제정되던 시기에 모토로라에서 시작된 6시그마는 성과를 모니터링하기 위한 프로세스 측정방법으로 단위당 결점 수, 100만 기회당 결점 수, 프로세스 수율, 고객만족, 고객반품, 직원 제안 등을 사용하지만, 이는 프로세스 단위측면에서의 성과측정에 초점이 맞추어져 있어 "기업 전반의 건전성을 파악하기 위해서는 통합성과 연결성이 부족하다."고 하였다.

비즈니스 전반에 대한 균형 있는 성과측정 모델은 BSC(Balanced Scorecard)가 있다. 이는 전통적인 재무적 측정방법만으로는 제시할 수 없는 비전과 전략을 보다 폭넓은 관점에서 보조하는 균형 잡힌 측정방법을 제시하였다. BSC는 비전과 전략을 중심으로 재무, 고객, 내부 비즈니스 프로세스, 교육과 성장의 4개 영역에 대한 측정을 포함한다. 그러나 카플란 등(2001)은 측정시스템 그 자체보다 실행하는 것이 더 중요하다고 했다. 이는 성공적인 실행을 위해서 측정전략이 더 단순해야 함을 의미한다.

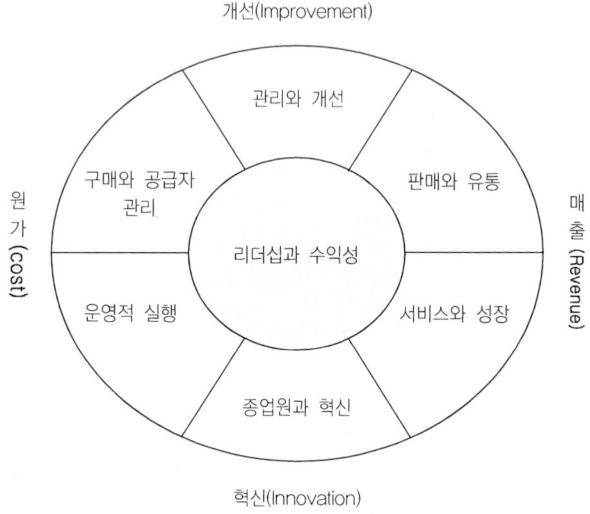

출처: 굽타(2005).

6시그마 BSC는 조직의 모든 부문을 측정하기 위해 개발되었다. 성공적인 성과측정의 실행을 위해서는 스코어카드(Scorecard)가 기업의 계획, 기업 운영의 우수성, 기업 성장의 지속성 등을 포함하여야 한다. 〈그림 2-16〉에서 보는 바와 같이 6시그마 BSC는 수익성에 책임 있는 최고경영층에 의해 추진되며, 프로세스를 향상시키고 원가절감을 수행하는 중간관리층에 의해 통제된다. 또한 이것은 고객의 필요를 충족시키기 위한 혁신적인 방안을 개발해 내는 실무진에 의해 개선되고, 기업의 수익과 성장을 위해 고품질의 상품을 통하여 고객을 만족시키는 영업과 고객서비스를 담당하는 세일즈맨에 의해 운영된다(상게서). 6시그마 BSC는 수익성과 성장 모두를 이끄는 인자들을 포함하고 있으며 7가지 측정 항목을 갖는다. 수익성과 관련된 항목은 판매와 유통, 구매와 공급, 운영적 실행이며 성장과 관련된 항목은 리더십, 종업원의 혁신, 서비스와 성장 측면이다. 그리고 관리와 개선의 경우 수익성과 성장에 모두 관련 있는 항목이다.

2) 린6시그마의 성과

(1) 린 방식의 성과

린 방식은 SCM(Supply Chain Management) 관점과 제조 혁신을 염두에 두고 다음과 같은 사항에 초점을 맞추고 있다(박성현, 2005).

- 속도(speed)에 의한 시간 절감
- 낭비(waste) 제거로 비용(cost) 절감
- 프로세스의 단순화(simplification)
- 효율적 운영(operational excellence)

린 방식에서 강조하는 속도에 대한 측정은 프로세스 사이클 효율성(Process Cycle Efficiency, PCE)을 통해 확인할 수 있다. 이는 부가가치 시간이 총 리드타임에서 차지하는 비율을 의미한다. 조지(2002)는 평균적으로 PCE가 25% 수준이면 린(Lean) 프로세스라고 할 수 있으며 PCE를 5%에서 25%까지 높이면 제조간접비와 품질비용을 20%정도 줄일 수 있다고 하였다. 또한 업종별 세계 수준의 PCE 비교 기준을 〈표 2-7〉과 같이 제시하였다.

<표 2-7> 업종별 PCE 비교

업종	일반적인 PCE	세계적인 PCE
기계 가공업	1%	20%
조립부품(Fabrication)	10%	25%
조립	15%	35%
연속형 제조	30%	80%
단순거래형 사업 프로세스	10%	50%
창조형/인지형사업프로세스	5%	25%

출처: 조지(2002).

(2) 6시그마의 성과

6시그마는 결함 없는 프로세스의 실행을 염두에 두고 다음과 같은 사항에 초점을 맞추고 있다.

- 산포(variation)의 감소에 의한 프로세스 품질 향상
- 불량 제거로 품질비용(cost of quality) 절감
- 프로세스의 강건성(robustness)
- 고객만족(customer satisfaction)

해리 등(2000)은 6시그마는 수익향상을 위한 프로그램이
며 제너럴 일렉트릭, 얼라이드시그널, 레이시온, 월리엄 우
드번, 폴라로이드, 에이비비 등의 사례를 통하여 수익성 개
선과 원가절감 효과를 설명하였다. 또한 〈표 2 - 8〉과 같이
품질향상을 통하여 시그마수준이 향상될 때 극적인 품질비
용의 절감효과가 나타난다고 하였다.

<표 2-8> 시그마수준과 품질비용

시그마 수준	백만 개당 불량의 수	품질 비용
2	308,537(경쟁력이 없는 회사)	해당사항 없음
3	66,807	매출액의 25~40%
4	6,210(산업 평균)	매출액의 15~25%
5	233	매출액의 5~15%
6	3.4(초일류)	매출액의 1% 이하
1시그마씩 향상될 때마다 순이익이 10%씩 증가한다.		

출처: 해리 등(2000).

(3) 린6시그마의 성과

린6시그마는 고객 가치의 극대화를 위하여 다음과 같은
5가지 기본철학을 바탕으로 하고 있다(박성현, 2005).

- 고객이 가장 중요하다
- 품질과 속도와 낭비는 서로 연결되어 있다.
- 만족스러운 품질과 속도와 낭비제거를 위해서는 산포를 줄이
  고 결함을 제거하며 프로세스의 흐름을 혁신하여야 한다.

- 데이터와 정보는 옳은 의사결정을 위하여 필수적이다.
- 고객만족을 위한 개선활동은 효율적인 팀워크가 필수적이다.

토아스사는 린6시그마의 추진을 통하여 고객에 대한 납품기간의 단축과 품질향상을 통하여, 경쟁사 대비 월등한 시장점유율을 확보하였으며, 2년도 안 되는 짧은 기간 동안에 매출액과 영업이윤을 두 배로 향상시킬 수 있었다고 하였다. 그리고 구체적으로 〈표 2-9〉와 같은 실적 향상 결과를 제시하였다(조지, 2002).

〈표 2-9〉 토아스사에서 나타난 운영적·경제적 측면의 효과

성과 지표	개선 성과
제조 리드타임	14일에서 2일로 감소
재공품 재고회전율	연 23회에서 67회로 증가
제조 간접비와 품질비용	22% 감소
총이익	12%에서 19.6%로 증가
영업이익	5.4%에서 13.8%로 증가
자본투자 회수율(ROIC)	10%에서 33%로 증가
CTQ 특성	6시그마 품질수준 달성

출처: 조지(2002).

3) 서비스 부문과 린6시그마

하버드 경영대학원의 레빗(1972) 교수는 서비스에 대한 이해가 높아지면서 서비스와 비서비스의 구분이 모호해지

고 있다고 지적했다. 그는 "서비스 산업이라는 것은 없다. 단지 기업마다 서비스 요소가 상대적으로 많거나 적을 뿐이다."라고 하였다. 팬드 등(2002)은 "서비스 기반 프로세스가 제조업보다 개선의 기회가 훨씬 많다."고 하였다. 그러면서 또한 서비스 프로세스의 개선 사항들이 많이 알려져 있지만, "대다수의 서비스 활동들은 프로세스 측정과 개선의 강력한 방법으로 다뤄지지 않았다."고 하였다.

메터스 등(2006)은 고프라이언(1992)의 연구를 인용하여 저명한 학술저널인 오퍼레이션 리서치에 제출된 논문의 비율을 보면 "제조업 관련 논문이 서비스업 관련 논문에 비해 6대 1의 비율로 많다."고 하였다. 또한 서비스 기업의 문제점에 대한 집중적인 연구가 필요한 이유에 대하여 서비스는 다음과 같은 특징을 갖는다고 하였다.

- 서비스는 무형적이나 제품은 유형적이다.
- 서비스는 생산과 동시에 소비된다.
- 서비스는 고객과 가까운 곳에 위치해야 한다.
- 서비스는 재고로 저장할 수 없다.

한편 서비스산업에서의 린6시그마의 적용이 어려운 것은 다음과 같은 특징이 있기 때문이다(박성현, 2005).

- 프로세스의 정의가 애매한 경우가 많고 프로세스의 개선이

이루어진 후에도 개선 전후의 통계적 성과측정이 정형화되어
있지 못하다는 것임
- 기존의 혁신활동들이 제조 부문에 치우쳐 행해졌기 때문에
  서비스 부문에서는 혁신기법의 도입이 상대적으로 취약하다
  는 것임
- 서비스 부문에 종사하는 인력이 통계적 방법론에 미숙하며
  과학적 관리기법의 도입에 미온적이라는 것임

이와 같은 서비스 부문에서의 특징에도 불구하고 미국의
록히드 마틴, 뱅크원, 포트웨인시, 스탠포드 병원 등의 서비
스 부문에서 린6시그마를 활발히 도입하고 있으며, 많은 성
과를 거두고 있다(조지, 2003). 노재범 등(2005)은 〈표 2-
10〉과 같이 다양한 업종의 서비스 부문에서 성공적으로 6
시그마가 활용되고 있는 사례들을 설명하였다.

〈표 2-10〉 서비스 산업별 6시그마 추진 기업

분류	사례 기업
금융 산업	GE 캐피탈, 시티뱅크, 아멕스, 뱅크 오브 아메리카, JP모건 체이스, 선트러스트, 뱅가드그룹
IT 산업	BT 홀세일, 패트니, 텔스트라, 위프로 테크놀로지, 삼성 네트웍스
의료 서비스 산업	코먼웰스 헬스, 버추어 헬스, NS-LIJ 헬스시스템, 마운트 카멜 헬스시스템, 찰스턴 메디컬센터
기타 서비스 산업	스카티시파워, 시어스, 스타우드 호텔, 미국의 공공기관, 에스원

출처: 노재범 등(2005).

6시그마 관점에서의 품질향상은 많은 재작업과 작업 중
단 상태를 없애 주기 때문에 프로세스의 속도에 긍정적인

영향을 미친다. 린 방식에서의 프로세스 속도 향상은 품질을 저하시킬 수 있다는 우려를 낳을 수 있는데, 이는 비부가가치의 낭비를 제거하여 총 리드타임에서 부가가치 시간이 차지하는 비율인 프로세스 사이클 효율성(PCE)을 향상시킴으로써 이루어지기 때문에 품질저하를 초래하지 않는다. 오히려 불량의 낭비제거에도 초점을 맞춤으로써 품질이 보증된 속도의 향상을 추구한다. 이렇게 린 방식과 6시그마가 갖는 각각의 장점들이 결합된 린6시그마의 상호 보완적인 기능은 기업의 성과에 긍정적이다. 이는 제조부문뿐만 아니라 서비스 기업 혹은 제조기업의 비제조 기능을 담당하는 서비스 부문에서의 성과를 포함한다.

4) 린6시그마 추진사례

(1) 제록스(Xerox)

제록스는 1906년 미국 뉴욕에서 '헬로이드'라는 이름으로 처음 설립되었다. 1958년 '헬로이드 제록스'로 사명을 변경한 이후 1961년부터 현재의 사명을 사용하였다. 제록스는 1959년 '제록스914'라는 건식복사기를 출시하여 대 성공을 거두었으며, 2007년 기준 매출액 약 172억 달러, 종업원 약 5만 7천 여명에 달하는 글로벌 문서서비스(Document service) 기업으로 성장하였다.

제록스는 1980년대 초부터 추진해 온 고객만족활동을 바탕으로 1990년대 말부터 6시그마와 린 방식을 적용한 경영혁신 활동을 해 오다가, 2003년부터 각각의 활동을 통합하여 '린6시그마'라고 명명하고 전사적인 경영혁신 프로그램으로 실행하고 있다. 제록스의 린6시그마는 과제선정 단계에서 기존 전략중심의 톱다운(Top down) 선정방식에서 린(Lean)의 개념을 적용하여 가치사슬(Value chain)에서 발생하는 낭비를 주요 개선대상으로 삼고 있다. 2004년 까지 400명의 블랙벨트를 양성하였으며, 최 우수직원을 선발하여 전일제(Full time)로 개선활동에 집중할 수 있도록 운영하고 있다. 또한 린6시그마를 프로젝트 선정과 성과관리, 문화적 변화, 리더십 개발의 3가지 관점에서 지속적으로 추진해 나갈 예정이다.

(2) 모토로라(Motorola)

모토로라는 1928년 폴 갤빈과 조셉 갤빈 형제가 배터리 정류기(Battery eliminator) 회사를 인수하여 설립한 '갤빈제작소'에서 출발하였다. 이후 1930년대 카 오디오의 브랜드명을 '모토로라'로 판매하여 큰 성공을 거둔 이후 모든 제품의 브랜드로 적용하게 되었다. 모토로라는 통합 통신 솔루션 등을 제공하는 글로벌 선도업체로서, 2008년 매출액 약 300억 달러와 종업원 수 약 6만 4천 여명에 달하는 기업으로 성장하였다.

모토로라는 봅 갤빈 회장 재임시절에 '종합적 고객만족(Total Customer Satisfaction, TCS)'을 달성하기 위하여 1980년대 초 품질혁신운동을 강화하였다. 이 때 빌 스미스 등이 주축이 되어 6시그마 프로그램을 설계하고, 사내 교육훈련 기관인 모토로라 유니버시티를 통해 극한 품질수준을 추구하는 6시그마 개념을 전파하고 강력하게 실행하였다. 이러한 품질혁신의 노력을 바탕으로 모토로라는 1988년 미국 말콤볼드리지 품질대상을 최초로 수상하게 되며, 이후 지속적인 활동을 통하여 1987년 제품 1백만개 당 6천개에 달했던 불량부품의 수를 1995년까지 25개 수준으로 개선하였다.

(3) 제너럴 일렉트릭(General Electric)

제너럴 일렉트릭은 1878년 토마스 에디슨이 설립한 '에디슨 전기'에서 출발하여, 1892년 '톰슨-휴스턴' 회사와의 합병을 통해 탄생하였다. 1892년 최초 다우존스지수에 등록된 12개 회사 중 유일하게 약 113년이 지난 2009년 현재까지 남아있는 회사이다. 전 세계 100개 국가 이상에서 사무소를 운영하고 있으며, 32개 국가에 제조공장을 두고 30만 명 이상의 종업원을 고용하고 있는 글로벌 기업이다.

제너럴 일렉트릭의 탄생이 창업자인 에디슨의 혁신적인 기술을 바탕으로 하였다면, 비약적인 성장에는 잭 웰치의 성공적인 경영혁신을 빼 놓을 수 없다. 웰치는 1960년 제너럴 일렉트릭에 입사하여 1981년 레그 존스 회장에게 발탁되어 최연소 회장의 자리에 올랐다. 웰치 취임 후 처음 5년간 약 10만 명 이상을 해고하면서 사업구조조정을 단행하였으며, 1996년에는 6시그마경영을 혁신전략으로 채택하여 조직에 성공적으로 정착시켰다. 웰치의 취임 이후 2001년 퇴임 할 때까지 제너럴 일렉트릭의 시장가치는 120억 달러에서 4,500억 달러까지 성장하였다. 웰치의 뒤를 이어 회장으로 취임한 제프리 이멜트는 6시그마 활동에 린 방식을 접목하였으며, 일하는 방식 자체로서 문화의 변화를 이루어 낸 린6시그마 활동을 지속적으로 실행해 나가고 있다.

(4) 델(Dell)

델 컴퓨터는 1984년 당시 텍사스 의과대학에 재학 중이던 마이클 델이 단 돈 1천 달러의 자본으로 창업한 회사이다. 1985년 최초의 독자 디자인 컴퓨터인 'Turbo PC'를 795달러에 판매하기 시작하여, 현재 세계 최대의 컴퓨터 제조업체로 성장하였다. 창업자인 델 회장은 27세에 최연소 세계 500대 갑부에 이름을 올렸으며, 34세에 미국 5대 부자 자리에 올랐다. 1998년 처음 증시에 상장할 때 1억 5,900백만 달러에 불과했던 매출액은 2008년 610억 달러까지 급성장하였으며 세계적으로 약 8만 여명의 종업원을 고용하고 있다.

델 컴퓨터는 대량 생산된 컴퓨터를 중간 판매상을 통해 판매하는 전통적 모델이 아닌, 고객으로부터 전화나 인터넷으로 맞춤형 컴퓨터를 주문 받아 공급하는 제조방식의 혁신을 이루어 냈다. 또한 이러한 생산방식의 전환을 위해 부품 공급자들을 설득하고 최강의 공급사슬(Supply chain) 체계를 구축하였다. 이를 통해 경쟁사 대비 20% 저렴한 컴퓨터를 공급함으로써 산업계에 지각변동을 이루어 냈다. 이러한 '델 혁명'의 본질은 계획대로 조달하는 방식에서 주문대로 조달하는 방식으로 전환을 의미하며, 도요타 생산방식과 IT의 융합을 통해 이루어 낸 생산혁명으로 볼 수 있다.

(5) 엘지(LG)전자

엘지전자는 1958년 '금성사'로 설립되었으며 1959년 한국 최초로 진공관식 라디오를 생산하기 시작하였다. 1995년 '금성통신'과의 합병을 통해 현재의 상호로 변경되었으며,

2008년 기준 종업원 약 2만 8천 여명, 매출액 약 27조 6천억에 달하는 세계적인 전자정보통신기업으로 성장하였다. 엘지전자의 성장과정에는 끊임 없는 경영혁신활동이 있었다. 1990년대 초에는 국내 전자업계 최초로 6시그마를 도입하여 생산현장에 적용하였으며, 독자적인 혁신모델인 TDR (Tear down & Redesign) 프로그램을 1996년부터 실행하였다.

또한 엘지전자는 하나의 생산라인에서 여러 개의 모델을 동시에 생산해 냄으로써 재고를 최소화하는 도요타의 혼류 생산방식을 벤치마크하여 자사에 맞게 최적화하였다. 세탁기 제조공정에서 이전 생산방식으로는 시간 당 두 개의 모델을 교체할 수 있는 수준이었으나, 혼류 생산을 통해 하루 110번까지 생산모델을 바꿈으로써 주문량에 따라 생산수량을 미세하게 조절하는 '맞춤형 생산'이 가능해졌다. 휴대폰 생산라인에서는 공용 팔레트의 개발을 통하여 동일 생산라인에서 모델 교체 시 최대 2일까지 소요되던 것을 10분 이내로 단축함으로써 2006년 약 6천 4백만 대였던 휴대폰 생산량이 2008년 약 1억대 이상으로 늘어난 상황에 유연하게 대응하고 있다.

(6) 머시 메디칼 센터(Mercy Medical Center)

머시 메디컬센터는 미국 아이오와에 위치한 445 병상을 갖춘 지역병원으로서, 1900년 머시 자매에 의해 설립되어 현재까지 다양한 의료서비스를 제공하고 있다. 응급진료부서의 환자 만족도 점수가 30% 수준으로 떨어졌을 때, 병원의 경영진은 린 방식에 대한 교육을 듣고 응급 진료 환자의 대기시간을 단축하는 데 적용할 것을 결심했다. 그러나 처음에는 종업원들이 제조현장에 사용되는 린 방식의 적용에 대해 병원환경에는 맞지 않을 것이라는 저항이 많았다.

다기능 팀(Cross Functional Team)을 구성하고 지속적인 커뮤니케이션을 통해 린 활동을 추진해 나가면서, 작은 개선 성과들이 프로세스 상에 긍정적인 효과로 나타나면서 점차 직원들의 참여가 늘어나기 시작했다. 개선 팀은 먼저 응급 진료 시간이 1시간 이내인 응급환자들에 대한 진료 프로세스를 매핑하고 가치흐름을 분석하여, 비부가가치 활동들을 제거함으로써 사이클 타임이 104분에서 69분으로 줄어든 사례를 적용하여 60분 이내로 운영하고 있다. 이러한 노력들의 결과로 단기간에 응급진료의 환자 만족도를 95% 수준까지 향상시켰다. 또한 응급 진료 처리능력이 향상됨으로써 추가적인 진료를 통해 환자 수가 6% 증가되는 효과가 나타났다.

(7) 이튼(Eaton)

이튼은 1911년 미국 오하이오주에서 설립된 세계적인 자동차 부품 생산기업이다. 전 세계 27개국에 195개 공장을 운영하면서 2008년 기준 매출액은 약 150억 달러이고 종업원 수 약 7만 2천 명에 달하며 포춘 500대 기업 중 164번째 랭크된 기업이다. 이튼은 밸런스 스코어카드의 주요 경영지표인 품질의 측정도구로 린 평가지수를 활용함으로써, 린과 경영시스템을 강력하게 연계하여 실행하고 있다.

이튼은 경영시스템에 대한 실행도구의 하나로 2001년부터 제조영역에 린 방식을 집중적으로 적용하였으며, 2004년 이후 부터는 2단계로 마케팅, 사업계획, 재무, 인사, 일반관리 프로세스를 포함하는 종합 생산물류시스템으로 확대 적용하고 있다. 또한 린 평가체제를 구축하고 가치흐름도, 5S, 표준작업, 종합생산성관리, 실수방지, 준비교체시간 단축, 흐름화, 당김(Pull) 방식에 대한 정기적인 평가를 통해 린 평가지수를 경쟁력 있는 수준까지 향상시켜 나가고 있다. 이를 통해 제조 공정에서 린 평가점수가 높을수록 재고가 적어지며, 영업이익률은 증가하는 것을 확인하였다. 또한 2005년 기준 정시 납기율 100%를 달성하였으며 매출액의 2.3%에 달하는 원가절감 성과를 획득하였다.

(8) 케이티(KT)

국내 최대의 통신 서비스기업인 케이티는 1885년 정부기관인 '한성전보총국'으로 업무를 시작하여 1981년 공사 체제로 전환되었다. 이후 2002년 다시 민영기업으로 전환되었으며 2003년부터 현실안주, 감에 의한 의사결정, 무사안일, 주인의식 결여를 타파하고 경영의 체질을 개선하기 위하여 6시그마를 도입하였다. 이후 6개월 단위로 프로젝트 실행체게인 웨이브(Wave)제도를 운영하였으며, 1차 웨이브를 통하여 414억의 재무성과를 달성하였다. 3차 웨이브 부터는 고객 접점의 리드타임을 획기적으로 개선하기 위하여 린6시그마를 도입하였으며, 2006년까지 전체인원의 25% 이상에 대한 6시그마 교육을 실시하고 전체인원 대비 약 10%의 벨트인력을 확보하였다. 2009년 까지 전체직원의 그린벨트 교육을 실시할 예정이며, 'e - 식스시그마'추진을 통하여 온라인 과제 실행시스템을 운영할 계획이다.

(9) 그 외 개선 사례들

LEAN-6시그마 컨퍼런스(한국생산성본부, 2006)에서도 여러 기업들의 린6시그마 추진 성과가 발표되었다. 'L'사는 디스플레이 부품을 생산하는 대기업으로 린6시그마 추진을 동하여 'T' 모델의 설계에서 출하검사까지의 리드타임을 42% 단축하였으며, 프로세스 사이클효율성(PCE)을 19%에서 34%까지 향상시켰다. 이를 통하여 재작업 비용이 34%

절감되고, 재작업 시간 비율은 37% 감소되는 성과를 얻었다. 'D'사의 건설부문은 미국 건설회사인 벡텔사와 국내 'S' 건설의 6시그마 추진사례를 벤치마킹하고, 건설과정의 생산기간이 길고 타 업종에 비하여 업무 표준화 수준이 낮은 건설업의 특성을 고려하여 린6시그마를 추진하였다. 성공적인 개선사례로 발코니 안전 난간대 설치작업에 대한 개선 프로젝트에서 작업시간을 42% 단축하였으며, 안전도를 32% 향상시켰다. 세계적인 소방 및 보안서비스 제공회사의 한국법인인 'A'사는 2003년부터 린6시그마를 추진하고 있다. 이를 통하여 2006년까지 3년간 670만 달러의 원가절감을 달성하였으며, 매년 매출이익률이 1%씩 향상되고 있다. 또한 3년 동안 신규고객 수가 42% 증가되었다.

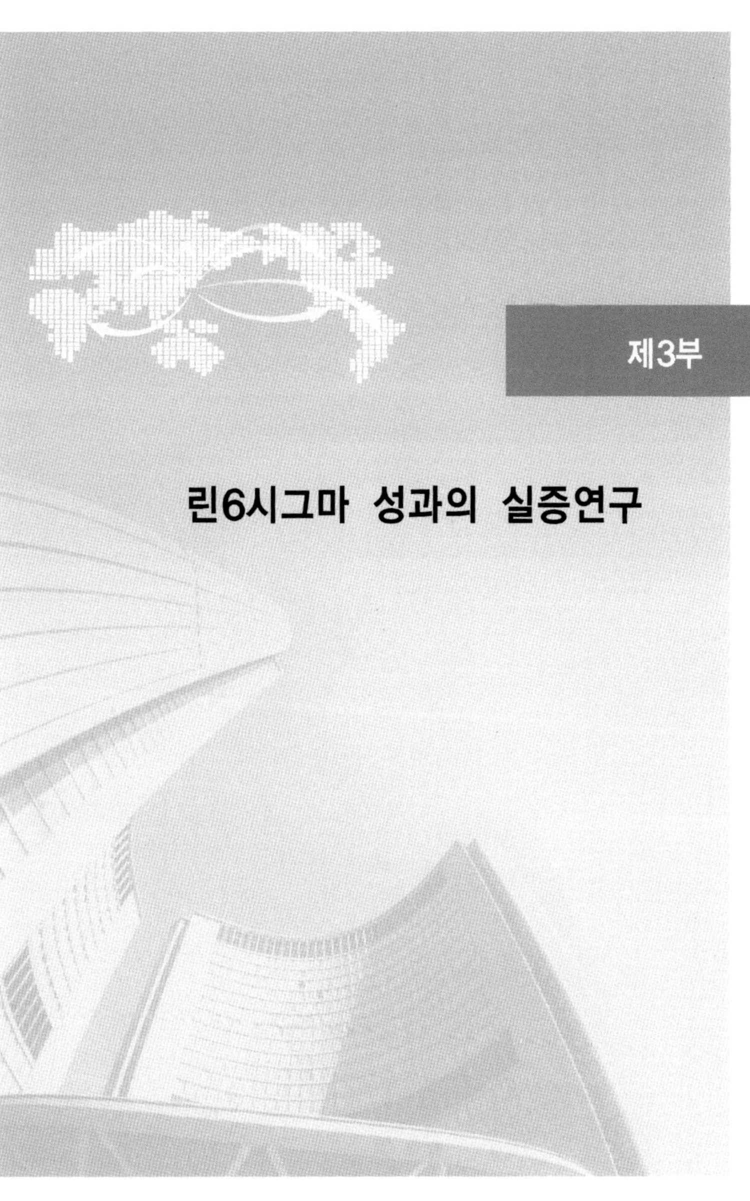

린6시그마 성과의 실증연구

제1장 연구모형 및 분석방법

본 연구는 린6시그마의 성공요인으로 경영층의 리더십, 6
시그마 인프라 그리고 린 인프라를 선정하고 기업성과에
미치는 영향을 실증적으로 분석하였다.

1) 변수의 개념적 정의

본 연구는 이론적 고찰을 통하여 린6시그마의 성공요인
들을 도출하고 기업성과에 미치는 영향을 실증적으로 분석
하는 것을 목적으로 한다. 이론적 고찰에서 나타난 6시그마
의 성공요인과 린6시그마 성공요인에 대한 견해는 연구자
마다 다소 차이를 나타내고 있다. 그러나 여러 연구자들이
제시하는 성공요인의 공통섬은 경영층의 리더십을 중요한
요인으로 제시하고 있다는 것이다. 그리고 다른 공통의 성
공요인들을 살펴보면 교육·훈련, 전사적 참여 그리고 보상

시스템 등의 인프라 요소가 중요한 요인으로 제시되고 있다. 따라서 본 연구에서는 6시그마를 기반으로 하는 린6시그마의 성공요인으로 경영층의 리더십과 6시그마 인프라를 선정하였다. 그리고 린(Lean) 방식과 6시그마의 통합방식으로서의 린6시그마 성공요인으로 린 인프라를 추가하여, 이들 세 가지 요인을 린6시그마 성공요인으로 선정하였다. 각각의 성공요인 변수들에 대한 개념적 정의는 다음과 같다.

(1) 경영층의 리더십

성공적인 리더는 비전으로부터 시작하여 시장기회를 이용하며 조직에 경쟁우위를 주는 전략을 통해 조직을 성공으로 이끈다. 또한 조직 내 가치관을 정립하고 의사결정 과정을 효과적인 부가가치 활동으로 만들며, 직원의 열정을 끌어내어 업무수행을 보다 잘하게 하고 자부심을 갖게 한다(원석희, 2001). 모토로라, 얼라이드 시그널, 제너럴 일렉트릭 등 6시그마경영에 성공한 제조 기업들의 공통점은 최고경영진의 강력한 지원과 적극적인 참여였다. 또한 뱅크오브아메리카, 시티뱅크, 아멕스 등의 서비스 기업들 역시 최고경영진들의 지원과 관심이 성공의 중요한 요인이었다(노재범 등, 2005). TPS가 도요타 최고경영자들의 일관성 있는 리더십을 통해 형성되었듯이, 경영층의 리더십은 린6시그마 추진과정의 전반에 걸쳐 발휘되어야 하며, 장기적으로 일관성이 있어야 한다. 또한 권위적인 리더십보다는 적극적 참여를 통하여 상하 간 커뮤니케이션을 활성화하고 참여자들에게 영감을 불어넣어 줄 수 있는 리더십을 필요로 한다.

본 연구에서는 경영층의 리더십이란 린6시그마에 대한 깊은 이해를 바탕으로 추진과제의 전략연계 및 반영, 추진과정의 지속적인 검토를 통한 참여 그리고 물적·인적자원의 지원을 포함하여 적극적 참여와 솔선수범의 리더십이 발휘되고 있는지에 대한 인식을 5점의 등간 척도로 측정하였다.

(2) 6시그마 인프라

6시그마 인프라는 혁신활동의 기반을 형성하는 제도와 지원시스템을 의미한다. 혁신활동이 장기적으로 조직에 내재화되고 바람직한 성과목표를 달성하기 위해서 경영층의 리더십만으로 충분하지 않을 것이다. 신동설(2001)은 블랙벨트를 통해 본 6시그마성공요인의 지원시스템에 대한 세부요소로 정보시스템, 전 사원의 참여, 교육·훈련시스템 그리고 보상 및 인센티브시스템을 제시하였다. 이범재(2004)는 6시그마 성공결정요인으로서의 지원인프라 구축에 대한 세부요소로 추진사무국의 운영, 전산시스템 구축 그리

고 인센티브제도 운영 등을 제시하였다. 이재식(2006)은 6
시그마 지원시스템의 요소로 정보전산시스템, 교육·훈련
시스템, 전사적 개선활동, 보상 및 인센티브 그리고 인사고
과 반영 등을 제시하였다.

본 연구에서는 다른 연구자들이 6시그마 성공요인으로
인프라 요소들을 제시하였던 바와 같이 6시그마를 기반으
로 하는 린6시그마의 성공요인으로 6시그마 인프라가 기업
성과에 영향을 미치고 있는지를 규명하고자 한다. 본 연구
에서의 6시그마 인프라는 이론적 고찰을 바탕으로 교육·
훈련시스템, 전사적 개선활동체계, 전 사원의 관심과 참여,
보상 및 인센티브 시스템 그리고 정보시스템의 지원수준에
대한 인식을 5점의 등간 척도로 측정하였다.

(3) 린 인프라

린 인프라에 대한 정의와 측정변수들에 관한 기존 연구
는 찾아보기 어렵다. 다만, LAI(Lean Aerospace Initiative,
2001)에서 제공하는 LESAT(Lean Enterprise Self-Assessment
Tool)의 Section Ⅲ에서 제시하는 린 인프라 요소는 린 조직
실행 인프라와 린 프로세스 인프라로 구분된다. 세부요소로
서 린 조직실행 인프라는 린 실행을 지지하는 재무시스템,
엔터프라이즈 이해 당사자를 위한 재무시스템, 학습조직의

이행 정도, 린 엔터프라이즈를 지지한 정보시스템 그리고 환경보호, 건강 및 안전의 고려 등으로 구성된다. 린 프로세스 인프라의 세부요소로는 프로세스 표준화, 툴과 시스템 그리고 변량감소 등을 제시하고 있다.

표준화란 표준을 정해서 이를 활용하는 조직적 행위를 의미한다. 또한 표준화는 생산성은 물론 품질과도 밀접한 관련을 맺고 있으며, 특히 일치 품질에 지대한 영향을 준다(원석희, 2001). 표준화는 부품이나 구성요소의 호환성을 높임으로써 여러 가지 이익을 제공하기 때문에 대량 생산방식뿐만 아니라 다품종 소량생산방식에서도 중요하다. 툴과 시스템은 공통으로 적용 가능한 방식을 통하여 프로세스 간 호환성을 높이고 비용을 절감할 수 있으며, 궁극적으로 협력회사와도 연계될 수 있는 방식을 의미한다. 한편, 변량감소는 프로세스의 변동을 줄이기 위한 노력을 통하여 프로세스가 안정적으로 운영되는 수준을 의미한다.

본 연구에서의 린 인프라는 LESAT의 린 프로세스 인프라에 관한 진단 항목을 참고하여 기업 전반의 프로세스 표준화, 전 사원의 표준화 실행 노력, 공통의 툴과 시스템(VSM 등)의 활용, 프로세스 변동에 대한 관리 그리고 정보와 물자의 흐름에 대한 빠른 예측에 관한 인식을 5점의 등간 척도로 측정하였다.

(4) 기업환경

린6시그마의 성공요인은 기업의 환경요인에 따라 영향을 받을 것이다. 따라서 기업이 갖는 환경요인의 특성에 따라 린6시그마 성공요인의 중요도가 다르게 나타나는지를 알아보기 위하여 기업규모(종업원 300명 미만, 300명~1,000명 미만, 1,000명 이상)와 업태(제조, 서비스)를 명목척도로 측정하였다. 기업 규모는 중소기업 기본법에 의한 제조업의 상시 종업원 수 300인 미만의 중소기업 분류 기준과 동법의 적용 대상에서 제외되는 기준인 상시 근로자 수 1,000인 이상의 기준을 적용하여 세 그룹으로 분류하였다. 업태는 제조업과 그 이외의 서비스업으로 구분하여 두 그룹으로 분류하였다. 그리고 린과 6시그마의 통합활용단계에 따라 린6시그마 성공요인에 차이가 있을 것이다. 앞서 이론적 고찰에서 린6시그마가 본격적으로 확산된 시기는 2004년 이후라고 하였기 때문에, 본 연구에서는 린과 6시그마의 통합활용단계를 기반구축, 실행, 정착의 세 단계로 구분하여 명목척도로 측정하였다.

(5) 기업성과

린6시그마가 기업성과에 미치는 영향은 앞서 이론적 고찰에서 살펴본 바와 같이 프로세스의 낭비제거를 통한 리

드타임의 단축과 불량의 감소를 통한 품질비용의 절감에
보다 직접적인 영향을 미친다. 따라서 본 연구에서는 기업
성과를 운영성과와 비용성과로 구분하여 정의하였다. 먼저,
운영성과는 린6시그마 추진결과로서 프로세스의 낭비 제거
에 따른 속도의 향상과 품질향상에 따른 불량감소의 성과
를 의미한다. 운영성과는 품질관점에서 고객 클레임(불평)율
과 속도관점에서 처리기간(리드타임)의 개선 정도를 5점의
등간 척도로 측정하였다. 다음으로 비용성과는 린6시그마
추진에 따른 개선 결과가 원가절감의 효과로 나타나는지를
알아보기 위해, 간접비용과 품질비용의 개선 정도를 5점의
등간 척도로 측정하였다.

2) 연구모형 및 가설

본 연구에서는 린6시그마가 기업성과에 미치는 영향에
관한 실증연구를 위하여 기업환경과 통합활용단계를 고려
하여 〈그림 3-1〉과 같은 연구모형을 설정하였다. 린6시그
마를 기업환경 요인에 관계없이 적용하기는 어려울 것이라
는 전제를 반영하여 연구모형에서 기업환경 변수를 고려하
였다. 기업에 따라 린6시그마 추진에 투자하는 자본의 규모
나 추진리더의 참여 정도가 다를 수 있으며, 이는 특히 인

프라 구축요소에 영향을 줄 수 있을 것이다. 또한 TPS를 기반으로 하는 린 방식의 적용은 그동안 제조부문을 중심으로 활용되어 왔기 때문에 린6시그마 성공요인의 중요도는 업태에 따라 차이가 있을 것이다.

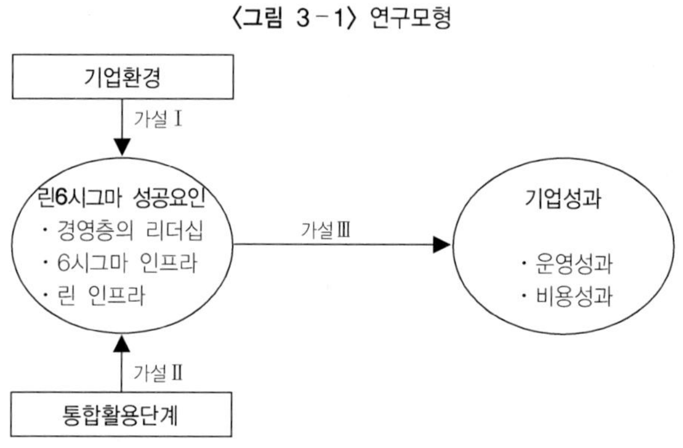

<그림 3-1> 연구모형

본 연구에서는 린6시그마 성공요인이 기업환경에 따라 차이가 있는지를 분석하기 위하여 (가설 I)을 설정하였다.

가설 I. 린6시그마 성공요인은 기업환경에 따라 차이가 있을 것이다.

그리고 통합활용단계에 따라 린6시그마 성공요인의 중요도는 다를 것이다. 본 연구에서는 린과 6시그마의 통합활용단계에 따라 린6시그마 성공요인에 차이가 있는지 알아보기 위해 (가설Ⅱ)를 설정하였다.

가설Ⅱ. 린6시그마 성공요인은 통합활용단계에 따라 차이가 있을 것이다.

린과 6시그마를 활용하는 기업이 증가되고 있는 추세로 볼 때, 린6시그마의 추진은 기업의 경영성과에 유의한 영향을 줄 것으로 생각된다. 김재룡(2003)은 박사학위 논문인 '품질경영 혁신기법의 이행수준이 품질원가관리와 경영성과 간의 관계에 미치는 영향'에 관한 연구에서 품질혁신기법(JIT, TQM, 6시그마)의 공통요인과 고유요인을 모두 높은 수준으로 이행하는 경우 품질원가 관리와 경영성과 간의 관계가 더 강해진다고 하였다. 김혜정(2006)은 박사학위 논문인 'Six Sigma 도입전략과 수행성과에 관한 실증연구'에서 "6시그마 성숙이 높을수록 재무성과가 높아질 것이다."라는 가설에 대한 검정 결과 유의한 영향이 있다고 하였다. 목진환(2007)은 박사학위 논문인 '도요타(Toyota) 생산시스템이 경영성과에 미치는 영향에 관한 연구'에서 도요타 생산시스템 적용기법을 적용하는 경우와 적용하지 않는 경우에 대한 경영성과의 비교 결과, 비재무성과와 재무성과에서 모두 뚜렷하게 통계적으로 유의한 차이를 나타낸다고 하였다. 본 연구에서는 린6시그마 성공요인이 기업성과에 미치는 영향을 실증적으로 분석하기 위하여 (가설Ⅲ)을 설정하였다.

가설Ⅲ. 린6시그마 성공요인은 기업성과에 긍정적인 영향을 미칠 것이다.

3) 측정 및 분석방법

본 연구에서는 자료의 수집방법으로 설문을 통한 측정방법을 활용하였다. 설문지의 설계는 측정도구의 타당성을 높이기 위하여 린6시그마를 추진하는 기업의 추진리더를 대상으로 하였으며, 본 연구의 목적을 달성하기 위한 설문 문항의 구성은 〈표 3 - 1〉과 같다.

〈표 3-1〉 설문지의 구성

구분	측정항목	측정변수	문항번호
기업현황	기업환경	종업원 수	Ⅰ-1
		업태	Ⅰ-2
	통합활용단계	통합활용단계	Ⅰ-3
린6시그마 성공요인	경영층의 리더십	6시그마와 린의 이해	Ⅱ-1
		추진과제의 전략연계 및 반영	Ⅱ-2
		경영층의 참여	Ⅱ-3
		추진과정의 지속적 검토	Ⅱ-4
		물적·인적자원의 지원	Ⅱ-5

구분	측정항목	측정변수	문항번호
린6시그마 성공요인	6시그마 인프라	교육·훈련 시스템	II - 6
		전사적 개선활동 체계	II - 7
		전 사원의 관심과 참여	II - 8
		보상 및 인센티브시스템	II - 9
		정보시스템의 지원	II - 10
	린 인프라	기업전반의 프로세스 표준화 수준	II - 11
		전 사원의 표준화 실행 노력	II - 12
		공통의 툴과 시스템(VSM 등)의 활용	II - 13
		프로세스 변동에 대한 관리	II - 14
		정보와 물자의 흐름에 대한 빠른 예측	II - 15
기업성과	운영성과	고객 클레임(불평)율	III - 1
		처리기간(리드타임)	III - 2
	비용성과	간접비용	III - 3
		품질비용	III - 4
개인현황	응답자 현황	자격보유 여부	IV - 1
		직급	IV - 2

　본 연구의 모형 및 가설을 검정하기 위하여 1차로 한국생산성본부에서 2006년 1월부터 2008년 3월까지 6시그마 주요과정(Master Black Belt, Black Belt, 제조부문 Green Belt, 사무·간접부문 Green Belt, 린6시그마 리더, 린6시그마 컨퍼런스)을 수료 또는 참석한 수강생을 대상으로 e-mail 설문조사를 실시하였다. 조사 대상자는 서로 다른 기업 또는 동일 기업의 경우 서로 다른 프로세스에서 근무하는 대상자를 선별하여 571명을 조사하였으며, 2008년 4월 14일부터 4월 28일까지 회신한 응답자는 88명으로 15.4%의 응답률을 나타내었다. 그리고 2008년 4월 한 달 동안 한국생산성본부의 6시그마 관련 오프라인 교육에 참석한 수

강생들 중 소속회사에서 린과 6시그마를 통합 활용하고 있다는 응답자를 대상으로 설문조사를 병행하여 26부의 설문지가 추가로 조사되었다.

온라인과 오프라인 설문조사를 병행하여 회수된 설문지는 총 114부였으며, 이 중 응답의 누락이 있거나 중심화 경향이 뚜렷한 9부는 제외하고 분석에 사용된 설문지는 모두 105부였다. 측정방식은 기업현황과 응답자 개인 현황은 명목척도로, 린6시그마 성공요인과 기업성과에 관한 측정변수는 모두 리커트(Likert)식 5점 척도로 조사하였다. 자료의 분석을 위한 통계처리는 SPSS WIN 12.0, SPSS 15.0 및 MINITAB 14.0을 이용하여 필요한 분석을 실시하였다.

본 연구에서는 응답기업과 응답자의 표본 특성을 파악하기 위하여 빈도분석을 실시하였으며, 측정도구에 대한 신뢰성과 타당성의 검정을 위해서는 사전에 수정문항 대 전체문항 간 상관관계분석을 통한 정화절차와 단일차원성의 확인을 위하여 비회전의 주성분분석을 통한 단일요인분석을 거쳤다. 그리고 측정도구의 신뢰성은 Cronbach's α계수에 의한 내적 일관성(Internal consistency) 검정을 하였다. 구성타당성 확보를 위한 요인추출방법으로는 주성분분석(Principal Component Analysis, PCA)을 이용하였으며, 요인의 회전은 요인들 간의 상호 독립성을 유지하는 직각회전(Orthogonal rotation)방식인 배리맥스(Varimax)를 적용하였다. 연구모형에 대한 가설검정을 위해서는 독립표본 t검정, 일원분류 분산분석, 다중회귀분석 등을 실시하였으며, 본 연구의 실증분석은 모두 유의수준(Significance level) 0.05에서 검정하였다.

제2장 실증분석 결과

린6시그마 성공요인은 기업환경에 따라 통계적인 차이를 나타내지 않았으며, 통합활용단계에 따라서는 차이를 나타내었다. 그리고 린6시그마 성공요인은 기업성과에 긍정적인 영향을 미치는 것으로 나타났다.

1) 표본자료의 특성

본 연구는 린과 6시그마를 통합 활용하고 있는 기업에서 실질적으로 추진을 담당하고 있는 리더들을 대상으로 조사한 105부의 설문지를 분석에 사용하였다. 기업 환경요인으로 기업규모(종업원 수)는 1,000명 이상이 41%로 가장 많았으며 300명 미만이 35.2%, 300~1,000명 미만이 23.8%로 대규모 기업의 비율이 높게 나타났다. 기업규모(종업원 수)에 대한 표본의 특성은 〈표 3 - 2〉와 같다.

〈표 3-2〉 기업규모(종업원 수)에 관한 표본 특성

		Frequency	Percent	Valid Percent	Cumulative Percent
종업원 수	300명 미만	37	35.2	35.2	35.2
	300~1,000명 미만	25	23.8	23.8	59.0
	1,000명 이상	43	41.0	41.0	100.0
	Total	105	100.0	100.0	

　기업 환경요인으로 업태에 관한 표본특성은 〈표 3-3〉과 같으며, 제조업이 82.9%로 높은 점유율을 나타내었고 서비스업은 17.1%로 나타났다. 이러한 조사결과로 볼 때 아직까지 린6시그마의 적용이 제조업 중심으로 이루어지고 있는 것으로 보인다.

〈표 3-3〉 업태에 관한 표본 특성

		Frequency	Percent	Valid Percent	Cumulative Percent
업태	제조업	87	82.9	82.9	82.9
	서비스업	18	17.1	17.1	100.0
	Total	105	100.0	100.0	

　린과 6시그마의 통합 활용단계에 관한 표본 특성은 〈표 3-4〉와 같으며 기반구축단계가 51.4%로 가장 높은 비율로 나타났으며, 실행단계가 35.2% 그리고 정착단계는 13.3%인 것으로 조사되었다. 아직까지는 기반구축 단계에

있는 기업의 비율이 높은 것으로 조사되었으나, 실행 및 정착단계라고 응답한 비율도 높아 린과 6시그마의 통합 활용 기업은 점차 증가할 것으로 보인다.

<표 3-4> 통합활용단계에 관한 표본 특성

		Frequency	Percent	Valid Percent	Cumulative Percent
통합활용단계	기반구축	54	51.4	51.4	51.4
	실행	37	35.2	35.2	86.7
	정착	14	13.3	13.3	100.0
	Total	105	100.0	100.0	

조사대상 기업의 통합 활용단계별 기업규모(종업원 수)에 관한 표본 특성은 <표 3-5>와 같다. 기반구축 단계의 경우 종업원 수 300명 미만의 중소규모 기업 비율이 전체의 27.6%로 높게 나타났으며, 실행과 정착단계에서는 종업원 수 1,000명 이상의 초대규모 기업 비율이 각각 전체의 19.0%, 7.6%로 높게 조사되었다.

<표 3-5> 통합활용단계별 기업규모(종업원 수)에 관한 표본 특성

			통합활용단계			Total
			기반구축	실행	정착	
종업원 수	300명 미만	Count	29	6	2	37
		% of Total	27.6%	5.7%	1.9%	35.2%
	300~1,000명 미만	Count	10	11	4	25
		% of Total	9.5%	10.5%	3.8%	23.8%
	1,000명 이상	Count	15	20	8	43
		% of Total	14.3%	19.0%	7.6%	41.0%
Total		Count	54	37	14	105
		% of Total	51.4%	35.2%	13.3%	100.0%

조사대상 기업의 통합 활용단계별 업태에 관한 표본 특성은 <표 3-6>과 같으며, 기반구축 단계의 제조업과 서비스업의 비율은 각각 전체의 41.9%와 9.5%로 나타났다. 실행단계에 있는 기업의 제조업과 서비스업의 비율은 각각 전체의 31.4%와 3.8%이었으며, 정착단계에 있는 기업의 제조업과 서비스업 비율은 각각 전체의 9.5%와 3.8%로 조사되었다. 한편 정착단계에 있는 기업비율은 제조업의 경우 응답기업의 11.5%로 나타났으며, 서비스업의 경우 22.2%로 나타났다.

<표 3-6> 통합활용단계별 업태에 관한 표본 특성

업태			활용단계			Total
			기반구축	실행	정착	
업태	제조업	Count	44	33	10	87
		% of Total	41.9%	31.4%	9.5%	82.9%
	서비스업	Count	10	4	4	18
		% of Total	9.5%	3.8%	3.8%	17.1%
Total		Count	54	37	14	105
		% of Total	51.4%	35.2%	13.3%	100.0%

조사대상 기업의 규모(종업원 수)별 업태에 관한 표본 특성은 <표 3-7>과 같으며, 종업원 수 300명 미만 기업에서는 제조업과 서비스업의 비율이 각각 전체의 32.4%, 2.9%로 나타났으며, 제조업과 서비스업의 빈도수가 각각 34와 3으로 제조업의 비율이 약 92%에 달하였다. 종업원 수 300~1,000명 미만 기업에서는 제조업과 서비스업의 비율이 각각 전체의 21.0%와 2.9%로 나타났으며, 제조업과 서비스업의 빈도수가 각각 22와 3으로 제조업의 비율이 88%를 점유하였다. 그리고 종업원 수 1,000명 이상의 대규모 기업에서는 제조업과 서비스업의 비율이 각각 전체의 29.5%, 11.4%로 나타났으며, 제조업과 서비스업의 빈도수는 각각 31과 12로 제조업의 비율이 72%를 차지하는 것으로 조사되었다. 서비스업의 경우 중소규모보다 초대규모 기업집단에서 차지하는 비율이 다소 높은 것으로 나타났다.

<표 3-7> 기업규모(종업원 수)별 업태에 관한 표본 특성

			기업규모(종업원 수)			Total
			300명 미만	300~1,000명 미만	1,000명 이상	
업태	제조업	Count	34	22	31	87
		% of Total	32.4%	21.0%	29.5%	82.9%
	서비스업	Count	3	3	12	18
		% of Total	2.9%	2.9%	11.4%	17.1%
Total		Count	37	25	43	105
		% of Total	35.2%	23.8%	41.0%	100.0%

조사대상 응답자의 자격 보유 특성은 블랙벨트(BB) 자격 보유자가 51.4%로 가장 높은 비율을 나타내었으며, 기타 응답자는 12.4%로 조사되었다. 응답자의 직급은 과장이 32.4%로 가장 높은 비율을 나타내었으며 부장/차장이 27.6%, 대리가 16.2%, 주임/사원이 20.0% 그리고 임원은 3.8%로 조사되었다. 설문조사는 6시그마 관련 교육을 수료 또는 참석한 사람을 대상으로 하였으며, <표 3-8>에서 보는 바와 같이 GB 이상의 벨트자격을 보유한 응답자는 전체의 87.6%로서 응답자들은 적어도 린6시그마와 관련한 응답을 위한 전문성을 갖추었다고 볼 수 있다.

<표 3-8> 응답자의 직급과 자격보유에 관한 교차 빈도분석

		직급					전체
		부장/차장	과장	대리	주임/사원	임원	
자격보유	BB	18	18	8	7	3	54 (51.4%)
	GB	6	7	6	10	0	29 (27.6%)
	MBB	3	5	1	0	0	9 (8.6%)
	기타	2	4	2	4	1	13 (12.4%)
전체		29 (27.6%)	34 (32.4%)	17 (16.2%)	21 (20.0%)	4 (3.8%)	105 (100%)

2) 측정도구의 신뢰성 및 타당성

본 연구에서는 측정도구에 대한 신뢰성 및 타당성 검정을 위해 누넬리(1978)가 제시한 측정도구 타당화(measure validation) 과정을 적용하였다. 먼저 정화절차와 단일차원성 검정을 통해 구성개념을 측정하고 있지 못하거나 저해하는 문항을 제거하기 위해 문항분석(Item analysis)을 실시하고, 다음으로 제거되지 않고 남은 문항들만 가지고 내적 일관성 검정인 Cronbach's α계수에 의한 신뢰성 검정을 하였다. 그리고 마지막으로 탐색적 요인분석을 통해 타당성을 검정하였다.

(1) 정화절차

측정도구의 신뢰성을 확보하기 위하여 먼저 정화절차를 시행하였다. 정화절차는 문항모집단 추출모형에 근거하여 이루어지므로, 이에 대한 기본 가정을 충족시키기 위하여 특정 개념을 측정하기 위한 문항과 그 문항을 제외한 나머지 문항들 사이의 상관관계인 수정문항 대 전체문항 간 상관관계를 확인하였다. 〈표 3-9〉는 린6시그마 성공요인과 기업성과의 운영성과와 비용성과에 대한 측정문항과 그 문항을 제외한 전체 문항들 사이의 상관관계를 보여 준다. 정화절차에서는 통상 상관계수가 0.3 이상이면 측정문항이 특정 개념을 측정하는 문항들로 구성된 모집단에서 추출된 것으로 간주된다(이형석, 2006). 분석결과 상관계수는 0.541에서 0.804 사이의 값으로 나타나 제거되는 문항은 없었다.

〈표 3-9〉 수정문항 대 전체문항 간 상관관계

요인	측정문항	상관관계	요인	측정문항	상관관계
경영층 리더십	6시그마와 린의 이해	0.656	린 인프라	기업전반의 프로세스 표준화 수준	0.671
	추진과제의 전략 연계 및 반영	0.703		전 사원의 표준화 실행 노력	0.734
	경영층의 참여	0.804		공통의 툴과 시스템 (VSM 등)의 활용	0.595
	추진과정의 지속적 검토	0.764		프로세스 변동에 대한 관리	0.768
	물적·인적자원의 지원	0.541		정보와 물자의 흐름에 대한 빠른 예측	0.649

요인	측정문항	상관관계	요인	측정문항	상관관계
6시그마 인프라	교육·훈련 시스템	0.584	운영 성과	고객 클레임(불평)율	0.590
	전사적 개선활동 체계	0.701		처리기간(리드타임)	0.590
	전 사원의 관심과 참여	0.690	비용 성과	간접비용	0.611
	보상 및 인센티브 시스템	0.554		품질비용	0.611
	정보시스템의 지원	0.546	–	–	–

(2) 단일요인분석

정화절차를 수행한 후 제거되지 않은 측정 문항들을 가지고 비회전 방식의 단일요인분석(Unifactor analysis)을 실시하여 측정문항들이 구성 개념별로 하나의 공통요인으로 묶이는가를 확인하였다. 단일요인분석은 각 변수의 비회전 요인 부하량의 크기로 단일차원성을 검정할 수 있으며, 분석 결과는 〈표 3-10〉과 같다. 단일요인분석 결과 비회전(Unrotated) 요인부하량이 모두 일반적인 기준인 0.4 이상으로 나타나, 각 개념들을 구성하는 측정문항들의 차원은 모두 단일차원상에 존재한다고 결론지을 수 있다.

〈표 3-10〉 단일요인분석 결과

요인	측정문항	요인 부하량	요인	측정문항	요인 부하량
경영층 리더십	6시그마와 린의 이해	0.744	린 인프라	기업전반의 프로세스 표준화 수준	0.744
	추진과제의 전략연계 및 반영	0.750		전 사원의 표준화 실행 노력	0.776
	경영층의 참여	0.811		공통의 툴과 시스템 (VSM 등)의 활용	0.600
	추진과정의 지속적 검토	0.772		프로세스 변동에 대한 관리	0.737
	물적·인직자원의 지원	0.813		정보와 물자의 흐름에 대한 빠른 예측	0.573
6시그마 인프라	교육·훈련 시스템	0.742	운영성과	고객 클레임(불평)율	0.744
	전사적 개선활동체계	0.628		처리기간(리드타임)	0.615
	전 사원의 관심과 참여	0.710	비용성과	간접비용	0.856
	보상 및 인센티브 시스템	0.669		품질비용	0.667
	정보시스템의 지원	0.600		–	–

(3) 신뢰성 검정

다음으로 단일차원성 검정 절차를 통해 제거되지 않은 문항들에 대해 신뢰성을 검정하였다. 신뢰성(Reliability)이란 넓은 의미에서 측정상의 오류가 발생되지 않을 정도로 연구대상인 응답자에게 반복적인 측정을 했을 경우에 응답결과가 얼마나 일관성 있게 나타날 것인가를 판단하는 개념이다. 신뢰성을 측정하기 위한 방법은 다양하나 일반적으로

Cronbach's α계수에 의한 내적 일관성(Internal consistency) 검정이 가장 많이 이용되고 있다. 본 연구에서도 측정도구의 신뢰성 검정을 위해 Cronbach's α계수를 이용하였으며, 분석결과는 〈표 3 - 11〉과 같다.

α계수에 대한 통일된 절삭기준(Cut - off criteria)은 없으나 누넬리(1978)에 따르면 예비적 연구에서는 α계수값이 0.5 ~ 0.6 정도면 적당하다고 할 수 있고, 이미 기존 연구가 있을 경우에는 0.7 이상이면 신뢰성이 인정된다고 하였다(상게서). 본 연구에서는 신뢰성 검정 결과 모든 측정개념들의 α계수가 0.740에서 0.868 사이로 나타났으며, 일반적 기준치인 0.7을 상회하고 있어 측정도구의 신뢰성이 인정되는 것으로 나타났다.

<표 3-11> 신뢰성 검정 결과

요인	문항수	Cronbach's α계수
경영층의 리더십	5	0.868
6시그마 인프라	5	0.818
린 인프라	5	0.861
운영성과	2	0.740
비용성과	2	0.758

(4) 타당성 검정

타당성(Validity)이란 최대한 상이한 방법을 이용하여 동일한 속성을 측정한 두 시도의 결과가 일치하는 정도로 연구자가 측정하고자 하는 개념을 얼마나 정확하게 측정하였는가의 문제라고 할 수 있다. 본 연구에서는 린6시그마 성공요인의 측정도구 자체가 측정하고자 하는 대상의 속성이나 개념을 측정할 수 있도록 구성되어 있는가 또는 포함하고 있는가를 평가하는 내용타당성(Content validity)을 검정하기 위해 먼저 경영층의 리더십과 6시그마 인프라에 대해서는 신동설(2001), 이범재(2004) 및 이재식(2006)의 기존 실증연구에서 사용된 측정문항들을 수정하여 각 구성 개념들에 대한 문항들을 구성하였다. 그리고 린 인프라의 개념에 대한 측정문항들은 LAI(2001)에서 제공하는 LESAT(Lean Enterprise Self-Assessment Tool) Section Ⅲ에서 제시하는 린 프로세스 인프라 평가항목을 수정하여 구성하였다. 이에 대하여 2008년 4월 한국생산성본부의 MBB 교육과정에 참가한 6시그마 추진리더들에게 문항의 이해 정도를 물어본 후 의견을 최대한 반영하였기 때문에 내용타당성은 확보되었다고 할 수 있다.

다음으로 측정하고자 하는 추상적인 개념이 실제로 측정도구에 의해서 적절하게 측정되었는가에 관한 문제로서 탐색적 요인분석을 통한 구성타당성(Construct validity)을 검정하였다. 이를 위해, 먼저 수집된 표본자료가 요인분석을 하기에 적절한지를 확인하기 위해서 상관관계행렬의 상관계를 살펴보았다. 만일 모든 변수 간의 상관계수가 전체적으로 낮으면 요인분석에 부적합하다고 본다. 그러나 일부 변수들 사이에서는 비교적 높은 상관관계를 보이고, 다른 변수들 사이에는 낮은 상관관계를 보일 경우에 그 자료는 요인분석에 적합하다고 할 수 있다(노루시스, 1992, 재인용, 이형석, 2006). 〈표 3 - 12〉는 본 연구의 다중상관분석 결과를 나타내고 있으며, 특정 변수들 간에 상관관계가 높거나 낮게 나타나므로 요인분석을 하기에 적절한 것으로 판단된다.

<표 3-12> 린6시그마 성공요인 측정문항들의 상관분석결과

	x2_1	x2_2	x2_3	x2_4	x2_5	x2_6	x2_7	x2_8	x2_9	x2_10	x2_11	x2_12	x2_13	x2_14	x2_15
X2_1	1	.644(**)	.638(**)	.558(**)	.322(**)	.327(**)	.404(**)	.402(**)	.316(**)	.341(**)	.403(**)	.380(**)	.317(**)	.357(**)	.380(**)
X2_2	.644(**)	1	.654(**)	.582(**)	.412(**)	.298(**)	.540(**)	.412(**)	.363(**)	.351(**)	.257(**)	.211(*)	.293(**)	.270(**)	.312(**)
X2_3	.638(**)	.654(**)	1	.744(**)	.531(**)	.395(**)	.517(**)	.487(**)	.395(**)	.428(**)	.321(**)	.301(**)	.395(**)	.271(**)	.329(**)
X2_4	.558(**)	.582(**)	.744(**)	1	.588(**)	.387(**)	.451(**)	.429(**)	.483(**)	.375(**)	.189	.265(**)	.335(**)	.265(**)	.304(**)
X2_5	.322(**)	.412(**)	.531(**)	.588(**)	1	.628(**)	.442(**)	.439(**)	.498(**)	.362(**)	.118	.203(*)	.169	.273(**)	.221(*)
X2_6	.327(**)	.298(**)	.395(**)	.387(**)	.628(**)	1	.559(**)	.484(**)	.396(**)	.414(**)	.232(*)	.263(**)	.317(**)	.340(**)	.225(*)
X2_7	.404(**)	.540(**)	.517(**)	.451(**)	.442(**)	.559(**)	1	.664(**)	.444(**)	.482(**)	.356(**)	.408(**)	.419(**)	.376(**)	.372(**)
X2_8	.402(**)	.412(**)	.487(**)	.429(**)	.439(**)	.484(**)	.664(**)	1	.525(**)	.448(**)	.354(**)	.528(**)	.429(**)	.284(**)	.361(**)
X2_9	.316(**)	.363(**)	.395(**)	.483(**)	.498(**)	.396(**)	.444(**)	.525(**)	1	.402(**)	.215(*)	.358(**)	.396(**)	.285(**)	.305(**)
X2_10	.341(**)	.351(**)	.428(**)	.375(**)	.362(**)	.414(**)	.482(**)	.448(**)	.402(**)	1	.575(**)	.465(**)	.379(**)	.488(**)	.507(**)
X2_11	.403(**)	.257(**)	.321(**)	.189	.118	.232(*)	.356(**)	.354(**)	.215(*)	.575(**)	1	.708(**)	.425(**)	.609(**)	.468(**)
X2_12	.380(**)	.211(*)	.301(**)	.265(**)	.203(*)	.263(**)	.408(**)	.528(**)	.358(**)	.465(**)	.708(**)	1	.520(**)	.645(**)	.511(**)
X2_13	.317(**)	.293(**)	.395(**)	.335(**)	.169	.317(**)	.419(**)	.429(**)	.396(**)	.379(**)	.425(**)	.520(**)	1	.540(**)	.504(**)
X2_14	.357(**)	.270(**)	.271(**)	.265(**)	.273(**)	.340(**)	.376(**)	.284(**)	.285(**)	.488(**)	.609(**)	.645(**)	.540(**)	1	.666(**)
X2_15	.380(**)	.3.2(**)	.329(**)	.304(**)	.221(*)	.225(*)	.372(**)	.361(**)	.305(**)	.507(**)	.468(**)	.511(**)	.504(**)	.666(**)	1

또한 요인분석을 위한 기본가정으로 동일 요인 내의 각 문항들이 적정수준의 개별 상관관계를 가지고 있어야 한다. 이러한 가정을 검정하기 위하여 KMO(Kaiser − Meyer − Olkin measure of sampling adequacy)값과 Bartlett 구형성검정 (Sphericity)값을 보았다. KMO는 변수 쌍들 간의 상관관계 가 다른 변수에 의해서 잘 설명되는 정도를 나타내는 것이 므로 측정값이 기준에 못 미칠 경우에는 요인분석을 위한 변수들의 선정이 좋지 못함을 나타낸다. KMO의 값이 0.80 이상이면 상당히 좋은 것(Miserable)이며 0.7 이상 0.8 미만 이면 적당한 것(Middling)이며 0.60 이상 0.70 미만이면 평 범한 것(mediocre)이며 0.50 이상 0.60 미만이면 바람직하지 못한 것(Unacceptable)으로 판정한다. 그리고 요인분석 모형 의 적합성 여부를 나타내는 Bartlett의 구형성검정은 '모상 관행렬이 단위행렬이다'라는 귀무가설을 검정하기 위한 것 으로 귀무가설이 기각되지 않으면 요인분석모형을 사용할 수 없다(헤어 등, 1998, 재인용, 이형석, 2006).

〈표 3−13〉 KMO와 Bartlett 검정결과

Kaiser − Meyer − Olkin Measure of Sampling Adequacy.		.863
Bartlett's Test of Sphericity	Approx. Chi − Square	889.106
	df	105
	Sig.	.000

〈표 3 - 13〉을 보면 린6시그마 성공요인의 경우 KMO값
이 0.863으로 요인분석을 위한 변수들의 선정이 상당히 좋
은 것으로 나타났으며, Bartlett 구형성 검정결과 유의
(p<0.001)한 것으로 나타나 모상관행렬이 단위행렬이 아님
을 나타내고 있다.

3) 요인 분석

요인분석을 위한 기본가정을 검토하고, 린6시그마 성공요
인에 대하여 다 문항(Multi - item)을 이용한 요인분석을 실
시하였다. 분석결과 〈그림 3 - 2〉와 〈표 3 - 14〉에서 고유
치가 1 이상인 요인이 3개 추출되었다.

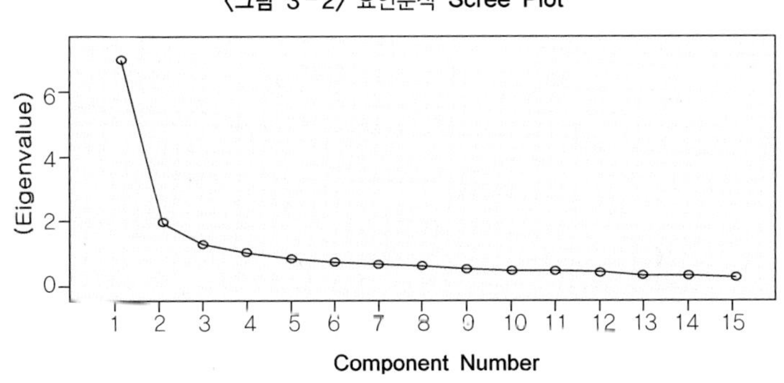

〈그림 3 - 2〉 요인분석 Scree Plot

요인 추출방법으로는 정보의 손실을 최대한 줄이면서 많은 변수들을 가능한 적은 수의 요인으로 축소하는 데 그 목적이 있는 주성분분석(Principal component analysis, PCA)을 이용하였으며, 요인의 회전은 요인들 간의 상호 독립성을 유지하는 직각회전(Orthogonal rotation)방식인 배리맥스(Varimax)를 적용하였다. 각 변수의 요인 간의 상관관계의 정도를 나타내는 요인적재량(Facor loading)의 수용기준은 보통 ±0.30 이상이면 유의하다고 보지만 보수적인 기준은 ±0.40 이상이며, ±0.50 이상인 경우는 매우 높은 유의성을 갖는다고 본다. 본 연구에서는 보수적인 기준인 ±0.40 이상을 기준으로 선택하였으며, 각 요인이 전체 분산에 대해 설명할 수 있는 정도를 나타내 주는 고윳값(Eigen value)은 1 이상을 기준으로 하였다.

〈표 3-14〉 요인분석 결과

Component	Initial Eigenvalues			Extraction Sums of Squared Loadings			Rotation Sums of Squared Loadings		
	Total	% of Variance	Cumulative %	Total	% of Variance	Cumulative %	Total	% of Variance	Cumulative %
1	6.751	45.005	45.005	6.751	45.005	45.005	3.798	25.321	25.321
2	1.986	13.240	58.245	1.986	13.240	58.245	3.160	21.064	46.385
3	1.153	7.687	65.932	1.153	7.687	65.932	2.932	19.547	65.932
4	.771	5.142	71.074						
5	.742	4.944	76.018						
6	.625	4.169	80.187						

Co mpo nent	Initial Eigenvalues			Extraction Sums of Squared Loadings			Rotation Sums of Squared Loadings		
	Total	% of Varian ce	Cumulat ive %	Total	% of Varian ce	Cumul ative %	Total	% of Varian ce	Cumul ative %
7	.574	3.828	84.015						
8	.495	3.302	87.317						
9	.436	2.905	90.222						
10	.381	2.543	92.764						
11	.282	1.883	94.648						
12	.240	1.600	96.248						
13	.200	1.337	97.585						
14	.185	1.230	98.815						
15	.178	1.185	100.000						

Extraction Method: Principal Component Analysis.

　　직각회전을 통한 요인분석 결과 각각의 측정항목들이 처음 설계된 요인으로 집합을 이루었다. 이는 린6시그마 성공요인에 대한 측정항목들이 이론적 고찰을 통하여 기존 연구의 측정항목들을 참조하였기 때문인 것으로 보인다. 그러나 경영층의 리더십 측정항목 중 요인적재량이 불충분한 1문항과 6시그마 인프라에 대한 측정항목 중 린 인프라와 중복적재를 나타낸 1문항은 제거되었다. 구성타당성 확보를 위하여 요건에 부합되지 않는 문항을 제거한 후 다시 요인분석을 실시한 결과는 〈표 3 - 15〉와 같으며, 린6시그마 성공요인은 모두 세 가지로 나타났다. 제1요인은 린 인프라에 관련된 항목들이며, 고윳값이 3.739, 제2요인은 6시그마 인

프라에 관한 항목들이었으며 고윳값이 3.122 그리고 제3요
인은 경영층의 리더십에 관한 항목들이었으며, 고윳값이
3.041로 나타났다. 이들 세 가지 요인의 린6시그마 성공요
인에 관한 누적 설명력은 66.017로 나타났다

<표 3-15> 린6시그마 성공요인의 요인분석결과

	성분		
	린인프라 1	6시그마 인프라 2	경영층 리더십 3
기업전반의 프로세스 표준화 수준	**.832**	.074	.110
전 사원의 표준화 실행노력	**.821**	.239	.045
프로세스 변동에 대한 관리	**.819**	.166	.126
정보와 물자의 흐름에 대한 빠른 예측	**.710**	.093	.307
공통의 툴과 시스템(VSM 등)의 활용	**.608**	.185	.318
교육·훈련 시스템	.204	**.791**	.096
전 사원의 관심과 참여	.358	**.672**	.202
전사적 개선활동 체계	.350	**.664**	.304
보상 및 인센티브 시스템	.156	**.585**	.351
추진과제의 전략연계 및 반영	.201	.227	**.805**
경영층의 참여	.167	.363	**.791**
6시그마와 린의 이해	.331	.111	**.765**
추진과정의 지속적 검토	.089	.404	**.756**
고윳값	3.739	3.122	3.041
설명력	24.928	20.813	20.276
누적설명력	24.928	45.741	66.017

4) 린6시그마 성공요인과 기업환경

린6시그마 성공요인들이 기업환경에 따라 차이가 있는지에 관한 가설을 검정하기 위하여 기업규모(종업원 수)에 따라 세 그룹으로 구분하여 분산분석(ANOVA)을 실시하였으며, 업태(제조 또는 서비스)에 따라 두 그룹으로 구분하여 독립표본 t검정을 실시하였다. 독립표본 t검정에서는 Levene의 등분산 검정(Levene's test for equality of variance) 결과에 따라 독립표본의 모평균에 대한 등평균(Equal mean) 검정을 실시하였고, 분산분석에서는 일반적으로 등분산 검정을 생략하므로 본 연구에서도 적용하지 않았다.

(1) 기업환경에 따른 경영층의 리더십 차이검정

① 기업규모와 경영층의 리더십

기업규모(종업원 수)는 300명 미만, 300~1,000명 미만 그리고 1,000명 이상의 세 그룹으로 구분하여 분산분석(ANOVA)을 실시하였다. 분산분석은 세 집단 이상에서의 평균 차이를 검정하기 위한 방법으로 일원분류 분산분석(One-way ANOVA)을 적용하였다.

〈표 3-16〉은 기업규모(종업원 수)에 따른 분산분석 결과를 나타내고 있으며, 귀무가설이 옳다는 가정하에 주어진

자료를 이용하여 귀무가설이 발생할 확률을 의미하는 P＝
0.399로 유의수준 0.05에서 기업규모(종업원 수)에 따라 경
영층의 리더십 평균은 통계적으로 유의한 차이가 없는 것
으로 나타났다.

〈표 3-16〉 기업규모(종업원 수)별 경영층의 리더십 분산분석 결과

Level	N	Mean	StDev
300명 미만	37	2.8784	0.9216
300~1,000명 미만	25	3.1300	0.5868
1,000명 이상	43	3.0988	0.8850
Pooled StDev＝0.8386			

One-way ANOVA: 경영층의 리더십 versus 기업규모(종업원 수)

Source	DF	SS	MS	F	P
기업규모(종업원 수)	2	1.304	0.652	0.93	0.399
Error	102	71.735	0.703		
Total	104	73.039			

S＝0.8386 R-Sq＝1.79% R-Sq(adj)＝0.00%

② 업태와 경영층의 리더십

업태는 제조업과 서비스업의 두 그룹으로 구분하였으며,
업태에 따른 경영층의 리더십 차이를 분석하기 위해 독립
표본 t검정을 실시하였다. 〈그림 3-3〉은 업태에 따른 경
영층의 리더십에 대한 등분산 검정 결과를 나타내며
Levene's Test 결과 P＝0.315로서 유의수준 0.05에서 업태
에 따라 경영층의 리더십 분산에 통계적으로 유의한 차이

가 없는 것으로 나타났다. 〈표 3-17〉은 업태에 따른 경영층의 리더십에 대한 독립표본 t검정 결과를 나타내며 P= 0.164로 유의수준 0.05에서 업태에 따라 경영층 리더십 평균에 통계적으로 유의한 차이가 없는 것으로 분석되었다.

〈그림 3-3〉 업태별 경영층 리더십의 등분산 검정 결과

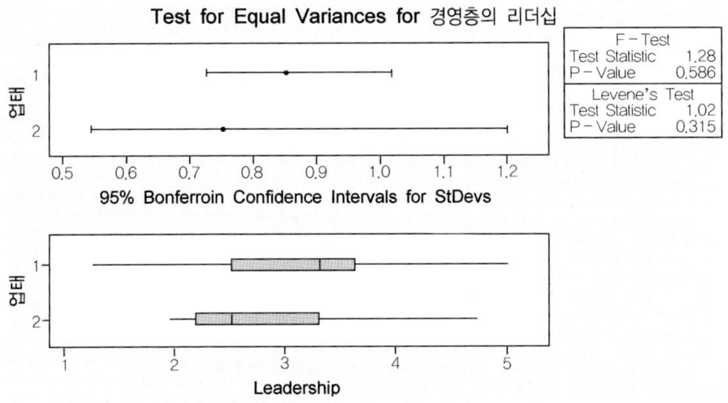

〈표 3-17〉 업태별 경영층 리더십의 독립표본 t검정 결과

Two-Sample T-Test and CI: 경영층의 리더십, 업태				
Two-sample T for Leadership				
업태	N	Mean	StDev	SE Mean
제조업	87	3.080	0.849	0.091
서비스업	18	2.778	0.752	0.18

Difference = mu (1) − mu(2)
Estimate for difference: 0.302682
95% CI for difference: (−0.125707, 0.731071)
T-Test of difference = 0 (vs not =): T-Value = 1.40 P-Value = 0.164 DF = 103
Both use Pooled StDev = 0.8342

(2) 기업환경에 따른 6시그마 인프라 차이검정

① 기업규모와 6시그마 인프라

〈표 3-18〉은 기업규모(종업원 수)에 따른 6시그마 인프라에 대한 분산분석 결과이며, 300명 미만 기업의 평균점수가 다른 두 그룹에 비해 다소 낮게 나타났지만 $P=0.176$으로 유의수준 0.05에서 통계적으로 유의한 차이는 없는 것으로 분석되었다.

〈표 3-18〉 기업규모(종업원 수)별 6시그마 인프라의 분산분석 결과

Level	N	Mean	StDev
300명 미만	37	2.7297	0.7392
300~1,000명 미만	25	3.0700	0.7988
1,000명 이상	43	3.0116	0.8468

Pooled StDev = 0.7989

One-way ANOVA: 6시그마 인프라 versus 기업규모(종업원 수)

Source	DF	SS	MS	F	P
기업규모(종업원 수)	2	2.259	1.129	1.77	0.176
Error	102	65.106	0.638		
Total	104	67.365			

S = 0.7989 R-Sq = 3.35% R-Sq(adj) = 1.46%

② 업태와 6시그마 인프라

업태별 6시그마 인프라의 차이에 대한 등분산 검정 결과는 〈그림 3-4〉와 같다. Levene's Test 결과 $P=0.835$로 나

타나, 업태별 6시그마 인프라의 분산은 통계적으로 유의한 차이가 없는 것으로 분석되었다.

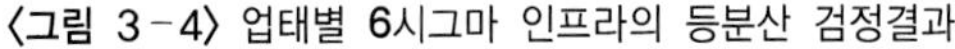

〈그림 3-4〉 업태별 6시그마 인프라의 등분산 검정결과

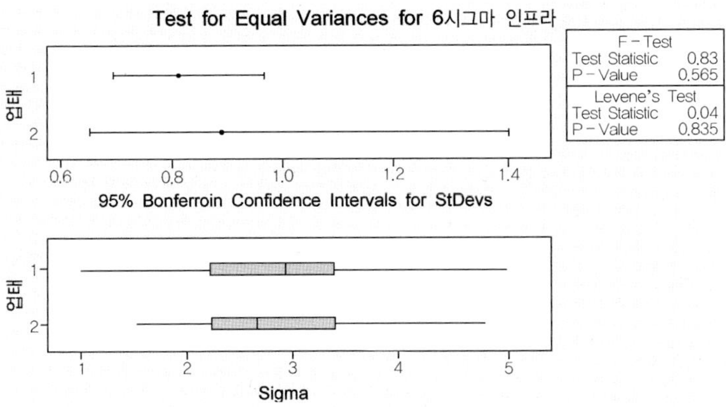

업태별 6시그마 인프라에 대한 독립표본 t검정 결과는 〈표 3-19〉와 같이 나타났으며, P=0.593으로 업태별 6시그마 인프라의 평균은 통계적으로 유의한 차이가 없다는 귀무가설(H_0)은 기각되지 못하였다. 따라서 제조업과 서비스업에 따라 6시그마 인프라 수준은 차이가 없는 것으로 분석되었다.

<표 3-19> 업태별 6시그마 인프라의 독립표본 t검정 결과

업태	N	Mean	StDev	SE Mean
제조업	87	2.945	0.795	0.085
서비스업	18	2.833	0.870	0.21

Two-Sample T-Test and CI: 6시그마 인프라, 업태

Two-sample T for 6시그마 인프라

Difference = mu(1) − mu(2)
Estimate for difference: 0.112069
95% CI for difference: (−0.302670, 0.526808)
T-Test of difference = 0 (vs not =): T-Value = 0.54 P-Value = 0.593 DF = 103
Both use Pooled StDev = 0.8076

(3) 기업환경에 따른 린 인프라 차이검정

① 기업규모와 린 인프라

기업규모(종업원 수)별 린 인프라의 차이에 대한 분산분석 결과는 <표 3-20>과 같으며, P=0.330으로 유의수준 0.05에서 귀무가설(H_0)은 기각되지 않았다. 따라서 기업규모(종업원 수)에 따라 린 인프라 수준의 평균은 통계적으로 유의한 차이가 없는 것으로 나타났다.

〈표 3-20〉 기업규모(종업원 수)별 린 인프라의 분산분석 결과

Level	N	Mean	StDev
300명 미만	37	2.9081	0.7297
300~1,000명 미만	25	3.1200	0.5228
1,000명 이상	43	3.1163	0.7254
Pooled StDev = 0.6848			

One-way ANOVA: 린 인프라 versus 기업규모(종업원 수)

Source	DF	SS	MS	F	P
기업규모(종업원 수)	2	1.052	0.526	1.12	0.330
Error	102	47.826	0.469		
Total	104	48.878			

S = 0.6848 R-Sq = 2.15% R-Sq(adj) = 0.23%

② 업태와 린 인프라

업태별 린 인프라의 차이에 대한 등분산 검정결과와 독립표본 t검정 결과는 각각 〈그림 3-5〉와 〈표 3-21〉과 같다. 등분산 검정 결과인 Levene's Test의 P=0.238로 업태별로 린 인프라의 분산은 통계적으로 유의한 차이가 없는 것으로 나타났다. 또한 독립표본 t검정 결과의 P=0.602로서 유의수준 0.05에서 귀무가설은 기각되지 못하였으며, 업태별로 린 인프라에 대한 수준 차이는 없는 것으로 분석되었다.

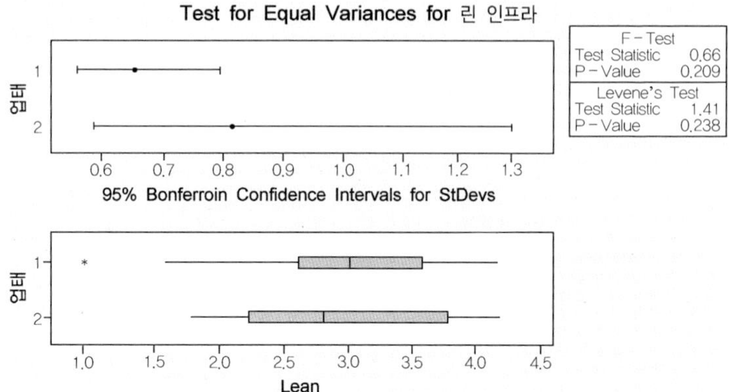

〈표 3-21〉 업태별 린 인프라에 대한 독립표본 t검정 결과

Two-Sample T-Test and CI: 린 인프라, 업태				
Two-sample T for 린 인프라				
업태	N	Mean	StDev	SE Mean
제조업	87	3.060	0.660	0.071
서비스업	18	2.967	0.815	0.19

Difference = mu (1) - mu (2)
Estimate for difference: 0.093103
95% CI for difference: (-0.260197, 0.446404)
T-Test of difference = 0 (vs not =): T-Value = 0.52 P-Value = 0.602 DF = 103
Both use Pooled StDev = 0.6880

(4) 기업환경에 따른 린6시그마 성공요인의 개별 측정변수 차이검정

린6시그마 성공요인은 기업규모와 업태에 따른 환경에 따라 차이가 나타나지 않았다. 이에 성공요인에 대한 각각의

측정변수에 대한 차이 분석을 추가로 실시하였다. 〈표 3 - 22〉는 각각의 측정변수에 대하여 기업규모에 의한 분산분석 과 업태에 의한 독립표본 t검정의 요약결과를 나타낸다.

〈표 3-22〉 기업환경에 따른 린6시그마 성공요인 측정변수의 차이분석 요약

요인	측정변수	기업규모에 대한 분산분석 P-value	업태에 대한 t검정 P-value
경영층의 리더십	6시그마와 린의 이해	0.378	0.135
	추진과제의 전략연계 및 반영	0.292	0.836
	경영층의 참여	0.681	0.228
	추진과정의 지속적 검토	0.694	0.063
6시그마 인프라	교육·훈련 시스템	0.351	0.172
	전사적 개선활동 체계	0.355	0.318
	전 사원의 관심과 참여	0.186	0.658
	보상 및 인센티브 시스템	0.377	0.350
린 인프라	기업 전반의 프로세스 표준화	0.274	0.488
	전 사원의 표준화 실행 노력	0.359	0.575
	공통의 툴과 시스템(VSM 등)의 활용	0.239	0.560
	프로세스 변동에 대한 관리	0.438	0.705
	정보와 물자의 흐름에 대한 빠른 예측	0.568	0.914

분석결과 각각의 측정변수들은 모두 기업환경에 의한 차 이를 나타내지 않았다. 이는 6시그마가 처음 대기업 중심으 로 도입되었다가 이제 중소 규모의 기업에까지 확산되어 활용되고 있음을 의미한다. 기업의 품질 개선결과는 공급사 의 품질에 영향을 받게 되므로 동반적 노력이 필수적이며 그동안 우리나라의 기업들이 이러한 노력을 기울인 결과로

보인다. 또한 린6시그마의 경우 6시그마를 추진해 온 기업들이 린 방식과의 통합방식으로 활용하는 경우가 많으므로 기업규모에 크게 영향이 나타나지 않은 것으로 보이며, 린6시그마 추진기업을 대상으로 조사한 표본 특성이 반영된 것으로 보인다. 이는 업태에 따른 성공요인의 차이가 나타나지 않은 것에도 반영된 것으로 보인다. 린6시그마 성공요인은 기업규모나 업태의 환경에 의한 영향을 받을 수도 있으나, 경영층의 확고한 의지와 리더십을 바탕으로 전략과 방향이 일치된 지속적 실행과정에서 극복될 수 있음을 의미한다.

5) 린6시그마 성공요인과 통합활용단계

린6시그마 성공요인이 통합활용단계별로 차이가 있는지를 분석하기 위해 분산분석을 실시하였다. 통합활용단계는 이론적 고찰을 통하여 기반구축, 실행 그리고 정착의 세 단계로 구분하였으며, 분산분석에서 집단 간 차이검정을 위한 사후검정 방법은 Tukey's 모임오류율(Family error rate) 검정방법을 이용하였다. 이 방법은 생성된 신뢰구간이 0을 포함하고 있지 않으면 '수준별 평균의 차이가 없다'라는 귀무가설이 기각된다(이레테크, 2004).

(1) 통합활용단계에 따른 경영층의 리더십 차이검정

〈표 3-23〉은 통합활용단계별 경영층의 리더십에 대한 분산분석 결과이다. 기반구축에서 실행과 정착단계로 갈수록 경영층의 리더십 수준이 높게 나타났으며, 유의수준 0.05에서 귀무가설(H_0)은 기각되었다. 즉 통합활용단계별로 경영층의 리더십은 다르게 나타났으며 정착기의 기업에서 경영층의 리더십 수준이 가장 높은 것으로 나타났다.

〈표 3-23〉 통합활용단계별 경영층 리더십에 대한 분산분석 결과

Level	N	Mean	StDev
기반구축	54	2.7222	0.8122
실행	37	3.2365	0.7406
정착	14	3.6607	0.6836
Pooled StDev = 0.7719			

One-way ANOVA: 경영층의 리더십 versus 통합활용단계

Source	DF	SS	MS	F	P
통합활용단계	2	12.262	6.131	10.29	0.000*
Error	102	60.777	0.596		
Total	104	73.039			

S = 0.7719 R-Sq = 16.79% R-Sq(adj) = 15.16%

*: $p < 0.05$

〈그림 3-6〉 경영층의 리더십에 대한 분산분석 사후검정 결과

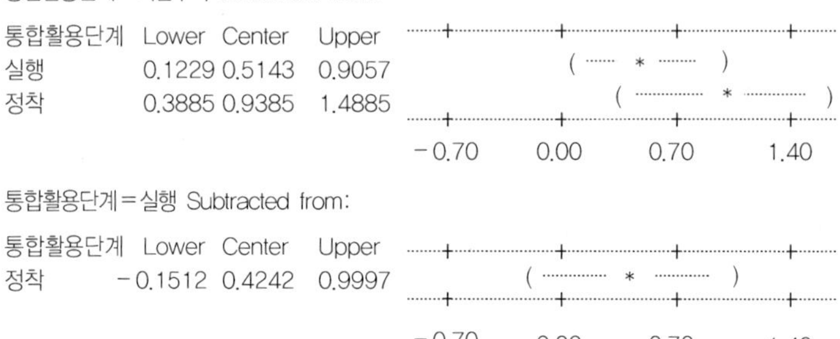

〈그림 3-6〉은 유의한 차이를 나타내는 그룹을 확인하기 위한 사후검정 결과이며, 기반구축단계와 실행 및 정착단계 간에 각각 차이가 있는 것으로 나타났다.

(2) 통합활용단계에 따른 6시그마 인프라 차이검정

〈표 3-24〉는 통합활용단계별 6시그마 인프라에 대한 분산분석 결과이다. 경영층의 리더십과 마찬가지로 기반구축단계에서 실행과 정착단계로 갈수록 수준이 높게 나타났으며, 통합활용단계별로 6시그마 인프라는 통계적으로 유의한 차이가 있는 것으로 분석되었다.

<표 3-24> 통합활용단계별 6시그마 인프라에 대한 분산분석 결과

Level	N	Mean	StDev
기반구축	54	2.7083	0.7842
실행	37	2.9932	0.7557
정착	14	3.5893	0.6401
Pooled StDev = 0.7572			

One-way ANOVA: 6시그마 인프라 versus 통합활용단계

Source	DF	SS	MS	F	P
통합활용단계	2	8.885	4.443	7.75	0.001*
Error	102	58.480	0.573		
Total	104	67.365			

S = 0.7572 R-Sq = 13.19% R-Sq(adj) = 11.49%

*: p<0.05

<그림 3-7> 6시그마 인프라에 대한 분산분석 사후검정 결과

Tukey 95% Simultaneous Confidence Intervals
All Pairwise comparisons among Levels of 통합활용단계

Individual confidence level = 98.06%

통합활용단계 = 기반구축 Subtracted from:

통합활용단계	Lower	Center	Upper
실행	-0.0990	0.2849	0.6688
정착	0.3414	0.8810	1.4205

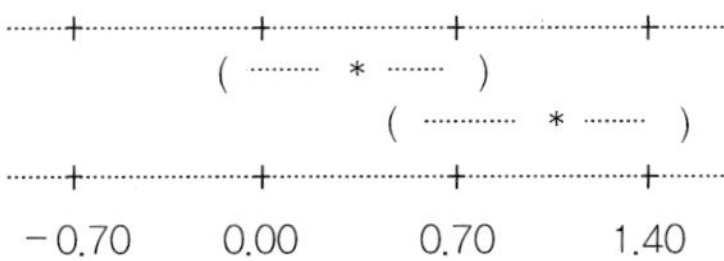

통합활용단계 = 실행 Subtracted from:

통합활용단계	Lower	Center	Upper
정착	0.0316	0.5960	1.1605

통합활용단계별로 6시그마 인프라의 유의한 차이에 대한
사후검정 결과는 〈그림 3-7〉과 같으며 기반구축단계와 정
착단계 및 실행단계와 정착단계 간에 각각 차이를 나타내
었다.

(3) 통합활용단계에 따른 린 인프라 차이검정

〈표 3-25〉는 통합활용단계별 린 인프라에 대한 분산분
석 결과이다. 역시 기반구축단계에서 정착단계로 갈수록 수
준이 높게 나타났으며, 유의수준 0.05에서 통계적으로 유의
한 차이를 나타내었다. 즉 통합활용단계별로 린 인프라 수
준은 다르게 나타났다.

〈표 3-25〉 통합활용단계별 린 인프라에 대한 분산분석 결과

Level	N	Mean	StDev
기반구축	54	2.8778	0.6867
실행	37	3.1514	0.6707
정착	14	3.4000	0.5547
Pooled StDev = 0.6656			

One-way ANOVA: 린 인프라 versus 통합활용단계

Source	DF	SS	MS	F	P
통합활용단계	2	3.693	1.846	4.17	0.018*
Error	102	45.186	0.443		
Total	104	48.878			

S = 0.6656 R-Sq = 7.55% R-Sq(adj) = 5.74%

*: $p < 0.05$

〈그림 3-8〉 린 인프라에 대한 분산분석 사후검정 결과

〈그림 3-8〉은 통합활용단계별 린 인프라의 차이에 대한 사후검정 결과를 나타낸다. 분석결과 기반구축단계와 정착단계 간에 차이를 나타내었다.

(4) 통합활용단계에 따른 린6시그마 성공요인의 개별 측정변수의 차이검정

앞에서 린6시그마 성공요인은 모두 통합활용단계에 따라 차이를 나타내었으며, 정착단계로 갈수록 수준이 높아지는 것으로 분석되었다. 이에 대하여 각각의 측정변수들이 어떻게 차이를 보이는지 분석하였다.

① 통합활용단계와 경영층의 리더십 측정변수

〈표 3 - 26〉은 경영층의 리더십 측정변수들에 대한 통합활용단계별 분산분석 결과를 나타내며, 모든 측정변수들이 통계적으로 유의한 차이를 나타내었다. 경영층의 리더십 수준이 기반구축단계에서 정착단계로 갈수록 높게 나타나는 것은 지속적인 추진과정에서 린6시그마 추진 리더들에게 경영층의 리더십이 더 강하게 인식되는 것으로 보인다.

〈표 3 - 26〉 경영층의 리더십 측정변수의 통합활용단계별 분산분석 결과

측정변수	통합활용단계	평균	분산분석 P - value
6시그마와 린의 이해	기반구축	2.67	0.000*
	실행	3.35	
	정착	3.71	
추진과제의 전략연계 및 반영	기반구축	2.67	0.001*
	실행	3.00	
	정착	3.78	
경영층의 참여	기반구축	2.76	0.006*
	실행	3.22	
	정착	3.57	
추진과정의 지속적 검토	기반구축	2.80	0.002*
	실행	3.38	
	정착	3.57	

*: p〈0.05

경영층의 리더십 측정변수들에 대한 통합활용단계별 분산분석 사후검정 결과는 〈그림 3 - 9〉, 〈그림 3 - 10〉, 〈그림 3 - 11〉 그리고 〈그림 3 - 12〉와 같으며 각각 6시그마와 린의 이

해, 추진과제의 전략연계 및 반영, 경영층의 참여 그리고 추진
과정의 지속적 검토에 대한 사후검정 결과를 나타낸다.

〈그림 3-9〉 6시그마와 린의 이해에 대한 분산분석 사후검정 결과

Tukey 95% Simultaneous Confidence Intervals
All Pairwise comparisons among Levels of 통합활용단계

Individual confidence level=98.06%

통합활용단계=기반구축 Subtracted from:

통합활용단계	Lower	Center	Upper
실행	0.2103	0.6847	1.1591
정착	0.3809	1.0476	1.7143

```
 ----+---------+---------+---------+----
                ( ......... * ......... )
                   ( ................ * ............... )
 ----+---------+---------+---------+----
   -0.70      0.00      0.70      1.40
```

통합활용단계=실행 Subtracted from:

통합활용단계	Lower	Center	Upper
정착	-0.3346	0.3629	1.0604

```
 ----+---------+---------+---------+----
          ( ......... * ......... )
 ----+---------+---------+---------+----
   -0.70      0.00      0.70      1.40
```

〈그림 3-10〉 추진과제의 전략연계 및 반영에 대한 분산분석 사후검정 결과

Tukey 95% Simultaneous Confidence Intervals
All Pairwise comparisons among Levels of 통합활용단계

Individual confidence level=98.06%

통합활용단계=기반구축 Subtracted from:

통합활용단계	Lower	Center	Upper
실행	-0.1386	0.3333	0.8053
정착	0.4559	1.1190	1.7822

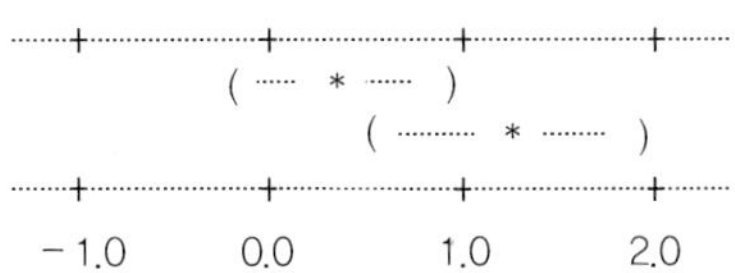

통합활용단계=실행 Subtracted from:

통합활용단계	Lower	Center	Upper
정착	0.0919	0.7857	1.4796

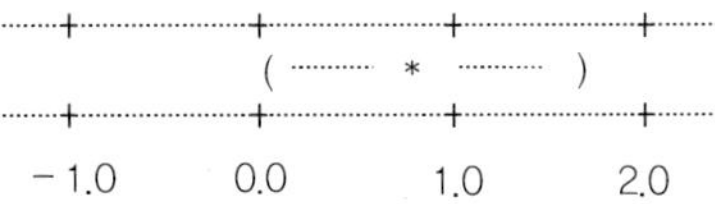

<그림 3-11> 경영층의 참여에 대한 분산분석 사후검정 결과

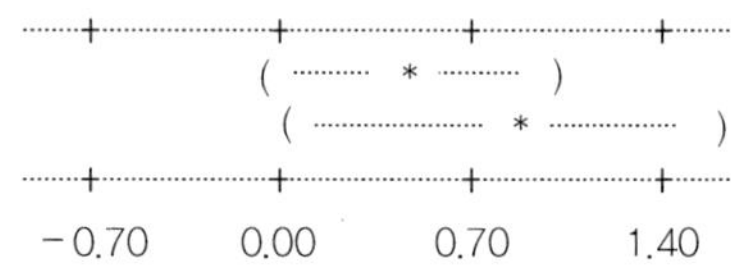

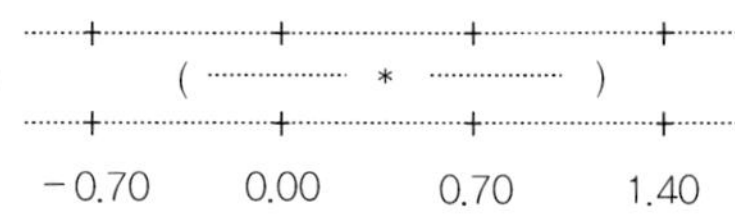

<그림 3-12> 추진과정의 지속적 검토에 대한 분산분석 사후검정 결과

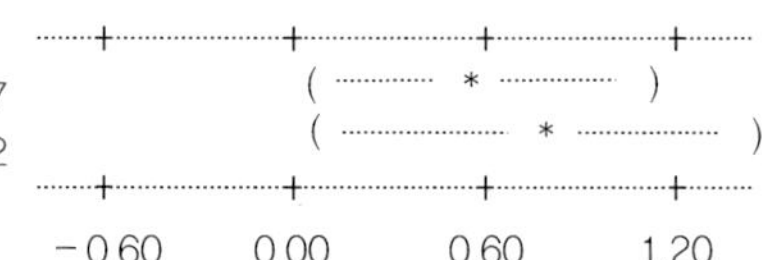

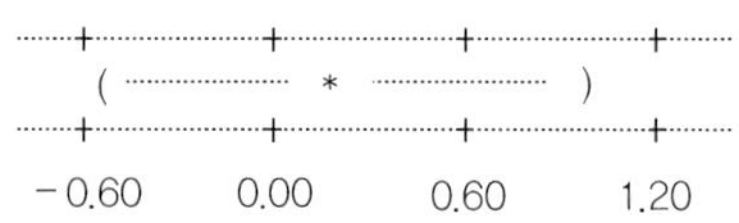

② 통합활용단계와 6시그마 인프라 측정변수

〈표 3-27〉은 6시그마 인프라 측정변수의 통합활용단계별 분산분석 결과를 나타낸다. 분석결과 교육·훈련 시스템, 전사적 개선활동 체계 그리고 전 사원의 관심과 참여수준은 통합활용단계별로 유의한 차이를 나타내었으나, 보상 및 인센티브시스템은 차이가 없었다. 이는 기업에서 통합활용단계별로 보상 및 인센티브 시스템에 급격한 변화를 주기는 어려울 것으로 보이며 추진리더들의 인식에서도 같은 결과를 나타낸 것으로 보인다.

〈표 3-27〉 6시그마 인프라 측정변수의 통합활용단계별 분산분석 결과

측정변수	통합활용단계	평균	분산분석 P-value
교육-훈련 시스템	기반구축	2.98	0.002*
	실행	3.35	
	정착	4.07	
전사적 개선활동 체계	기반구축	2.92	0.008*
	실행	3.22	
	정착	3.71	
전 사원의 관심과 참여	기반구축	2.52	0.006*
	실행	2.86	
	정착	3.43	
보상 및 인센티브 시스템	기반구축	2.41	0.089
	실행	2.54	
	정착	3.14	

*: p<0.05

<그림 3-13> 교육·훈련 시스템에 대한 분산분석 사후검정 결과

Tukey 95% Simultaneous Confidence Intervals
All Pairwise comparisons among Levels of 통합활용단계

Individual confidence level=98.06%

통합활용단계=기반구축 Subtracted from:

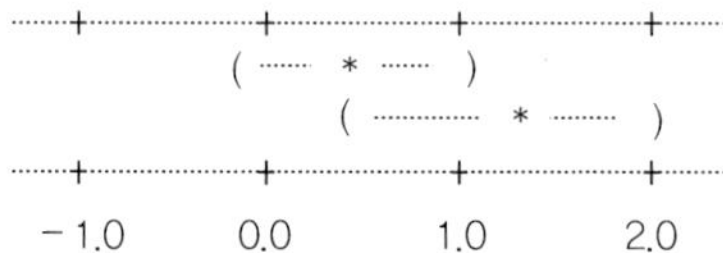

통합활용단계=실행 Subtracted from:

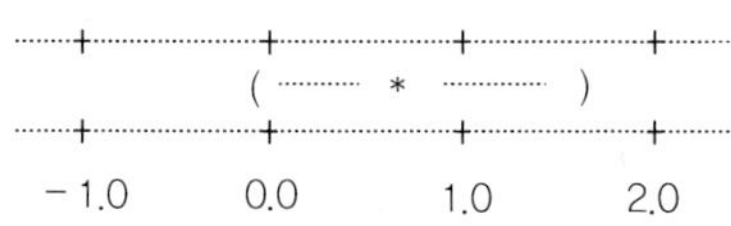

<그림 3-14> 전사적 개선활동 체계에 대한 분산분석 사후검정 결과

Tukey 95% Simultaneous Confidence Intervals
All Pairwise comparisons among Levels of 통합활용단계

Individual confidence level=98.06%

통합활용단계=기반구축 Subtracted from:

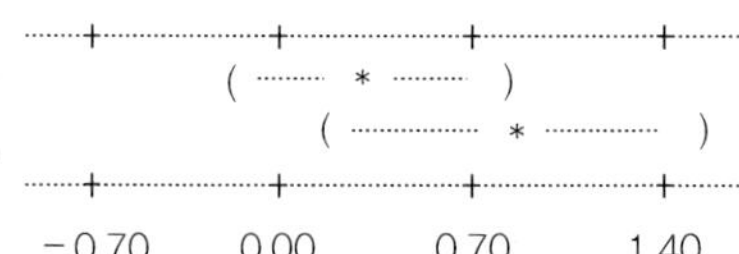

통합활용단계=실행 Subtracted from:

194

<그림 3-15> 전 사원의 관심과 참여에 대한 분산분석 사후검정 결과

<그림 3-13>은 6시그마 인프라 측정변수의 교육·훈련 시스템에 대한 통합활용단계별 분산분석 사후검정 결과를 나타내며, <그림 3-14>와 <그림 3-15>는 각각 전사적 개선활동 체계와 전 사원의 관심과 참여에 대한 분산분석 사후검정 결과이다.

③ 통합활용단계와 린 인프라 측정변수

<표 3-28>은 린 인프라 측정변수의 통합활용단계별 분산분석결과를 나타낸다. 분석결과 기업전반의 프로세스 표준화, 공통의 툴과 시스템(VSM 등)의 활용 및 프로세스 변동에 대한 관리 수준은 기반구축단계에서 정착단계로 갈수록 높아지는 것으로 나타났으며, 통계적으로 유의한 차이를

나타내었다. 그러나 전 사원의 표준화 실행노력에 대한 유의한 차이는 나타나지 않았다. 이는 대다수의 기업들이 이미 표준시스템을 운영해 왔기 때문에 린6시그마 추진단계별로 유의한 차이를 나타내지는 않는 것으로 보인다. 그리고 정보와 물자의 흐름에 대한 빠른 예측의 경우 유의한 차이를 나타내지 않은 것은 이러한 문제가 개별 기업 단독으로 개선되기는 어려운 측면이 있기 때문이다. 정보시스템 등의 개선을 위한 투자가 린6시그마 추진단계에 맞추어 발생하기는 어렵고, 정보와 물자의 흐름을 개선하기 위해서는 고객사 및 공급사와의 관계를 강화하고 향상된 '공급망 관리(Supply Chain Management)'를 통한 기업 차원의 노력이 필요하기 때문에 린6시그마 추진리더들의 인식에서 통합활용단계별로 크게 차이를 나타내지는 않은 것으로 보인다.

〈표 3-28〉 린 인프라 측정변수의 통합활용단계별 분산분석 결과

측정변수	통합활용단계	평균	분산분석 P-value
기업 전반의 프로세스 표준화	기반구축	3.15	0.025*
	실행	3.49	
	정착	3.71	
전 사원의 표준화 실행 노력	기반구축	2.98	0.072
	실행	3.30	
	정착	3.50	
공통의 툴과 시스템(VSM 등)의 활용	기반구축	2.63	0.031*
	실행	2.97	
	정착	3.28	

측정변수	통합활용단계	평균	분산분석 P − value
프로세스 변동에 대한 관리	기반구축	2.80	0.041*
	실행	3.03	
	정착	3.36	
정보와 물자의 흐름에 대한 빠른 예측	기반구축	2.83	0.468
	실행	2.97	
	정착	3.14	

*: p〈0.05

〈그림 3-16〉 기업 전반의 프로세스 표준화에 대한 분산분석 사후검정 결과

Tukey 95% Simultaneous Confidence Intervals
All Pairwise comparisons among Levels of 통합활용단계

Individual confidence level＝98.06%

통합활용단계＝기반구축 Subtracted from:

통합활용단계	Lower	Center	Upper
실행	−0.0599	0.3383	0.7366
정착	0.0065	0.5661	1.1258

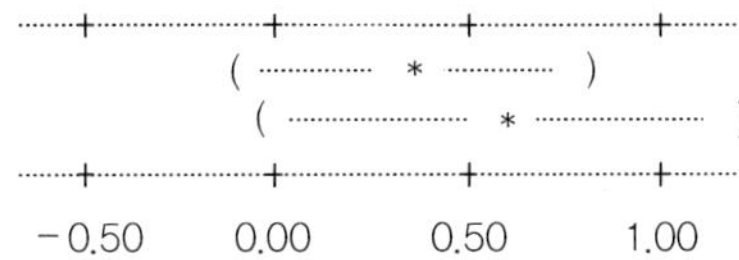

통합활용단계＝실행 Subtracted from:

통합활용단계	Lower	Center	Upper
정착	−0.3577	0.2278	0.8133

<그림 3-17> 공통의 툴과 시스템(VSM 등)의 활용에 대한 분산분석 사후검정 결과

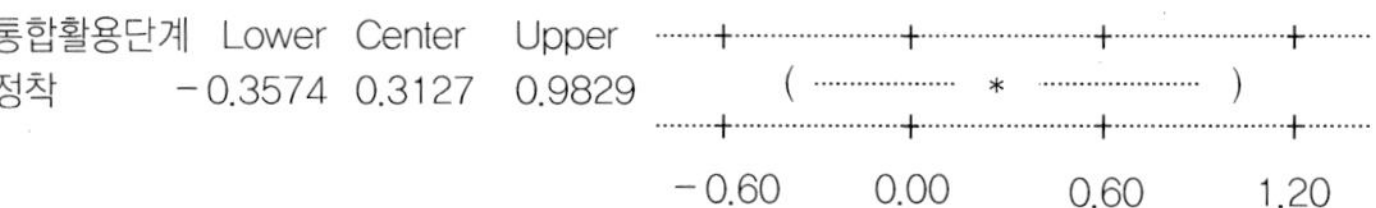

<그림 3-18> 프로세스 변동에 대한 관리의 분산분석 사후검정 결과

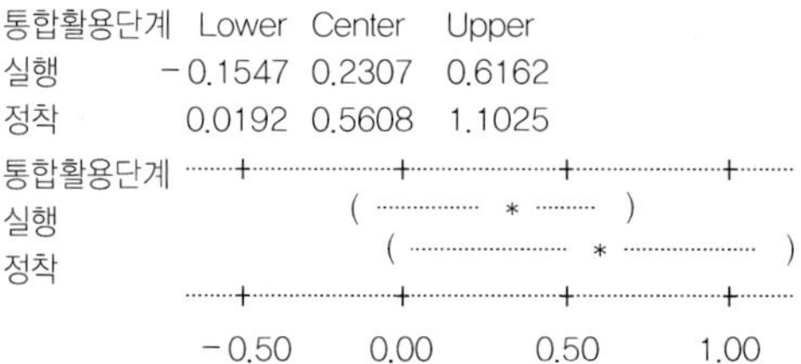

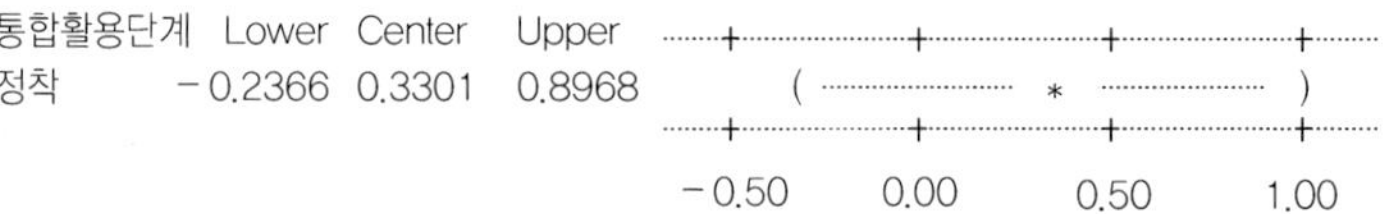

〈그림 3-16〉, 〈그림 3-17〉 그리고 〈그림 3-18〉은 각각 린 인프라에서 기업 전반의 프로세스 표준화, 공통의 툴과 시스템(VSM 등)의 활용 및 프로세스 변동에 대한 관리의 분산분석 사후검정 결과를 나타낸다.

6) 린6시그마 성공요인과 기업성과

린6시그마 성공요인이 기업성과에 긍정적인 영향을 미치는지 알아보기 위해 회귀분석을 실시하였다. 회귀분석을 수행하기 위한 기본적인 분석으로 잔차(Residual)항에 대한 독립성 가정의 검정은 더빈-왓슨(Durbin-Watson)값이 2에 수렴하는지를 검토하였다. 또한 회귀분석에서는 독립변수들이 독립적이어야 하며, 특정 독립변수가 다른 독립변수와 매우 강한 상관관계를 가지거나 어느 한 독립변수가 나머지 독립변수들의 종속변수가 되는 경우의 다중공선성(Multicollinearity) 여부를 검토하여야 한다. 본 연구에서는 분산팽창계수(Variance Inflation Factor, VIF)를 통해 다중공선성 여부를 확인하였다.

(1) 린6시그마 성공요인과 운영성과

〈표 3 - 29〉는 린6시그마 성공요인인 경영층의 리더십, 6시그마 인프라 그리고 린 인프라를 독립변수로 하고 기업성과의 운영성과를 종속변수로 하여 다중 회귀분석을 실시한 결과를 나타낸다. 분석결과 회귀모형의 기본가정인 잔차항에 대한 독립성 검정을 위한 더빈-왓슨 값이 2에 수렴하고 있으므로 독립성 가정이 충족된다고 볼 수 있다(벨스리 등, 1980, 재인용, 이형석, 2006). 그리고 F값이 21.47(P=0.000)로 유의수준 0.05에서 추정된 회귀모형이 통계적으로 유의하며, 모형 적합도를 나타내는 $R^2(adj)$값은 37.1%로서 3개의 린6시그마 성공요인이 운영성과를 약 37% 설명하는 것으로 나타났다. 독립변수들의 독립성 여부와 관련된 다중공선성 여부에 대해서는 분산팽창계수 값을 검토하였다. 일반적으로 분산팽창계수 값이 10을 넘게 되면 다중공선성을 의심할 수 있으나, 분석결과 1.5~1.8로 나타나 공선성 문제는 없는 것으로 나타났다. 그리고 운영성과에 유의한 영향을 미치는 요인은 경영층의 리더십과 린 인프라인 것으로 나타났다.

〈표 3-29〉 린6시그마 성공요인에 의한 운영성과의 회귀분석 결과

Regression Analysis: 운영성과 versus 경영층의 리더십, 6시그마 인프라, 린 인프라
The regression equation is
운영성과＝1.13＋0.268 경영층의 리더십－0.047 6시그마 인프라＋0.530 린 인프라

Predictor	Coef	SE Coef	T	P	VIF
Constant	1.1332	0.2972	3.81	0.000	
경영층의 리더십	0.26816	0.09161	2.93	0.004*	1.6
6시그마 인프라	−0.0473	0.1006	−0.47	0.640	1.8
린 인프라	0.5296	0.1055	5.02	0.000*	1.5

S＝0.612528 R－Sq＝38.9% R－Sq(adj)＝37.1%

Source	DF	SS	MS	F	P
Regression	3	24.1677	8.0559	21.47	0.000*
Residual Error	101	37.8942	0.3752		
Total	104	62.0619			

Durbin－Watson statistic＝1.72678

*: p<0.05

(2) 린6시그마 성공요인과 비용성과

〈표 3-30〉은 린6시그마 성공요인들을 독립변수로 하고 기업성과의 비용성과를 종속변수로 분석한 다중 회귀분석 결과를 나타낸다. 잔차항에 대한 독립성 여부는 더빈-왓슨 값이 2에 수렴하고 있으므로 독립성 가정이 만족된다고 볼 수 있다. 다중공선성의 여부는 분산팽창계수 값은 1.5~1.8 사이에서 나타나 문제가 없는 것으로 나타났다. F값은 17.14(P＝0.000)로 유의수준 0.05에서 추정된 회귀모형이

통계적으로 유의하게 나타났으며, 모형의 적합도 $R^2(adj)$값
은 31.8%로서 린6시그마 성공요인들이 비용성과를 약 32%
설명하는 것으로 분석되었다. 비용성과에 유의한 영향을 미
치는 요인은 경영층의 리더십과 린 인프라인 것으로 나타
났다.

<표 3-30> 린6시그마 성공요인에 의한 비용성과의 회귀분석 결과

Regression Analysis: 비용성과 versus 경영층의 리더십, 6시그마 인프라, 린 인프라
The regression equation is
비용성과=0.955+0.225 경영층의 리더십+0.121 6시그마 인프라+0.412 린 인프라

Predictor	Coef	SE Coef	T	P	VIF
Constant	0.9551	0.3265	2.92	0.004	
경영층의 리더십	0.2249	0.1007	2.23	0.028*	1.6
6시그마 인프라	0.1208	0.1106	1.09	0.277	1.8
린 인프라	0.4116	0.1159	3.55	0.001*	1.5

S=0.673081 R-Sq=33.7% R-Sq(adj)=31.8%

Source	DF	SS	MS	F	P
Regression	3	23.3002	7.7667	17.14	0.000*
Residual Error	101	45.7569	0.4530		
Total	104	69.0571			

Durbin-Watson statistic=1.95979

*: p<0.05

(3) 다중공선성의 추가 검정

앞서 다중공선성의 여부에 대하여 분산팽창계수(VIF)를

통해 만족할 만한 수준으로 확인하였으나, 린6시그마 성공 요인들과 종속변수인 운영성과와의 회귀분석에서 독립변수인 6시그마 인프라 요인의 부호가 음수로 나타난 것에 대하여 다중공선성의 문제를 더욱 정밀하게 분석하기 위해 허용치(Tolerance)와 최대상태지수(Condition Index, CI)를 추가로 분석하였으며, 그 결과는 〈표 3 - 31〉과 같다.

일반적으로 허용치(Tolerance) 값은 0.1 미만일 경우 다중공선성이 존재한다고 보며, 최대상태지수(Condition Index)가 30을 초과하는 경우에는 다중공선성이 심각한 것으로 간주할 수 있다(이형석, 2006). 린6시그마 성공요인들과 종속변수인 운영성과와의 회귀분석 결과에서 6시그마 인프라의 허용치 값이 0.1 미만으로 나타나 다중공선성이 존재하는 것으로 보이며, 이에 따라 부호가 예상과 달리 음수가 나온 것으로 이해할 수 있다. 물론 본 연구에서는 6시그마 인프라가 기업성과에 통계적으로 유의한 영향을 미치지 않는 것으로 나타났기 때문에 부호의 문제보다는 기업성과에 영향을 주지 않는 이유에 대해 살펴보는 것이 더 타당하겠다.

<표 3-31> 기업성과에 대한 회귀분석의 다중공선성 검정 결과

	모형	표준화 계수	Tolerance	Condition Index
종속변수 = 운영성과	상수			1.000
	경영층의 리더십	0.291	0.280	9.744
	6시그마 인프라	−0.049	−0.047	11.630
	린 인프라	0.470	0.447	13.278
종속변수 = 비용성과	상수			1.000
	경영층의 리더십	0.231	0.217	9.744
	6시그마 인프라	0.119	0.108	11.630
	린 인프라	0.346	0.333	13.278

본 연구의 회귀분석결과 6시그마 인프라가 기업성과에 영향을 주지 않는 것은 통계적으로 다중공선성의 문제가 작용된 것으로 볼 수 있다. 또한 6시그마의 경우 기업에서 활용해 온 시기가 길어 린6시그마 추진과정에서 상대적으로 최근에 활용되기 시작한 린(Lean)에 비하여 관심도가 적게 반영된 것으로 보인다. 이재식(2006)의 6시그마경영의 성공요인에 관한 실증적 연구에서 6시그마 도입기라고 응답한 비율이 11.8%인 반면, 정착단계라고 응답한 기업의 비율이 72.1% 나타난 결과에서도 볼 수 있듯이, 린6시그마를 추진하는 기업들에 대한 표본에서 6시그마를 활용해 온 기간이 오래된 기업 비율이 높을 것으로 추측된다. 또한 6시그마 인프라 요소로서 보상 및 인센티브의 경우 일반적으로 도입기에 금전적 보상이 많고 정착기로 갈수록 명예적 보상이 많으므로 응답자의 인식수준이 낮게 나타날 수

있으며 실제 기술통계량으로 분석해 본 결과 다른 측정변수들에 비하여 평균점수가 가장 낮게 나타났다. 그리고 설문조사 대상자의 표본 특성이 6시그마 교육기관의 공개교육 참가자들을 대상으로 한 부분에서도 영향이 있는 것으로 보인다. 일반적으로 6시그마 인프라 수준이 높은 기업들은 외부의 컨설팅을 활용하여 전사적으로 추진되거나, 자체적인 6시그마시스템에 의하여 교육·훈련이 이루어지고 있다. 이러한 원인들로 6시그마 인프라 요인이 기업성과에 유의한 영향을 미치는 변수로 작용하지 않은 것으로 보인다.

(4) 린6시그마 성공요인의 개별 측정변수와 기업성과

다음은 각각의 린6시그마 성공요인에 대한 측정변수들이 기업성과에 미치는 영향에 대하여 추가분석을 실시하였다. 이는 기존의 연구에서 도출된 성공요인에 관한 검증의 의미도 있을 것으로 보았다. 분석결과 린6시그마 성공요인 측정변수들은 모두 기업성과에 대하여 유의한 영향을 미치고 있는 것으로 나타났으며, 운영성과와 비용성과에 대한 회귀분석의 설명력이 높은 변수들은 공통적으로 '린 인프라'에 대한 측정변수들로 나타났다. 그리고 경영층의 리더십 측정변수에서 '6시그마와 린의 이해'가 중요한 것으로 나타났다. 이는 린 방식과 6시그마를 통합 추진하는 경우 경영층에서 각각의 두 방식이 갖는 장점에 대한 이해가 중요함을 의미한다. 개선 프로젝트의 책임을 갖는 경영층이 통계적 기법을 활용하여 프로세스를 관리하는 6시그마의 특성과 프로세스의 낭비제거에 초점을 맞추는 린 방식의 특성을 잘 이해하지 못하는 경우 실질적으로 프로젝트를 추진하는 리더들과의 의사소통에 어려움이 발생할 수 있다. 따라서 기존에 6시그마 활동을 통하여 경영층에 대한 챔피언 교육 이 이루어졌듯이 린6시그마를 추진하는 경우에도 경영층을 위한 적절한 교육 프로그램이 필요할 것이다.

① 린6시그마 성공요인 측정변수와 운영성과

〈표 3 - 32〉는 린6시그마 성공요인에 대한 각각의 측정 변수들과 운영성과와의 회귀분석에 대한 요약 결과를 나타 낸다. 각각의 측정변수들은 모두 운영성과에 대한 회귀모형 이 유의수준 0.05에서 통계적으로 유의한 것으로 나타났으 며, '프로세스 변동에 대한 관리', '기업 전반의 프로세스 표준화 수준', '6시그마와 린의 이해' 그리고 '정보와 물자 의 흐름에 대한 빠른 예측' 등이 운영성과에 대하여 상대적 으로 높은 설명력(R^2)을 나타내었다.

<표 3-32> 린6시그마 성공요인 측정변수와 운영성과의 회귀분석결과 요약

측정문항	측정변수	회귀모형의 P - value	설명력(R^2)
II - 14	프로세스 변동에 대한 관리	0.000*	30.70%
II - 11	기업 전반의 프로세스 표준화 수준	0.000*	23.50%
II - 01	6시그마와 린의 이해	0.000*	22.80%
II - 15	정보와 물자의 흐름에 대한 빠른 예측	0.000*	20.10%
II - 13	공통의 툴과 시스템(VSM 등)의 활용	0.000*	18.80%
II - 02	추진과제의 전략연계 및 반영	0.000*	17.80%
II - 03	경영층의 참여	0.000*	17.30%
II - 12	전 사원의 표준화 실행노력	0.000*	16.20%
II - 07	전사적 개선활동체계	0.000*	13.20%
II - 06	교육, 훈련시스템	0.001*	10.50%
II - 08	전 사원의 관심과 참여	0.001*	10.10%
II - 04	추진과정의 지속적 검토	0.003*	8.10%
II - 09	보상 및 인센티브시스템	0.033*	4.30%

*: p<0.05

② 린6시그마 성공요인 측정변수와 비용성과

린6시그마 성공요인에 대한 각각의 측정변수들과 비용성과에 관한 회귀분석 결과, 모든 측정변수들과 비용성과 간의 회귀모형은 유의수준 0.05에서 통계적으로 유의한 것으로 나타났다. <표 3-33>은 각각의 린6시그마 성공요인 측정변수가 비용성과에 미치는 영향을 알아보기 위한 회귀분석 결과의 요약을 나타낸다. 비용성과에 대하여 상대적으로 높은 설명력을 나타낸 측정변수들로는 '6시그마와 린의 이해', '프로세스 변동에 대한 관리' 그리고 '정보와 물자의 흐름에 대한 빠른 예측' 등으로 나타났다.

<표 3-33> 린6시그마 성공요인 측정변수와 비용성과의 회귀분석 결과 요약

측정문항	측정변수	회귀모형의 P-value	설명력(R^2)
II-01	6시그마와 린의 이해	0.000*	27.20%
II-14	프로세스 변동에 대한 관리	0.000*	23.90%
II-15	정보와 물자의 흐름에 대한 빠른 예측	0.000*	22.30%
II-02	추진과제의 전략연계 및 반영	0.000*	18.50%
II-11	기업 전반의 프로세스 표준화 수준	0.000*	16.50%
II-09	보상 및 인센티브시스템	0.000*	14.80%
II-06	교육, 훈련시스템	0.000*	14.10%
II-13	공통의 툴과 시스템(VSM 등)의 활용	0.000*	13.90%
II-03	경영층의 참여	0.000*	12.40%
II-12	전 사원의 표준화 실행노력	0.000*	11.20%
II-07	전사적 개선활동체계	0.001*	10.50%
II-08	전 사원의 관심과 참여	0.001*	9.90%
II-04	추진과정의 지속적 검토	0.008*	6.60%

*: p<0.05

제3장 연구의 결론

기업 환경은 글로벌 경쟁체제가 가속화되고 더욱 시장과 고객지향적인 변화를 필요로 하고 있다. 이러한 경쟁환경에서 생존하기 위해 기업들은 고품질의 제품과 서비스를 고객이 원하는 때에 빠르게 전달함으로써 고객의 가치를 극대화기 위해 부단한 노력을 경주하고 있다. 그러나 이는 기업의 성과와 연계되어야 하며, 더욱 효과적인 혁신기법들이 개발되어 활용될 필요가 있다.

1) 연구결과의 요약

본 연구에서는 고객가치혁신과 경영혁신을 위해 점차 기업에서 그 활용이 증가되고 있는 린6시그마의 성공요인과 기업성과의 관계에 대해 실증적으로 분석하였다. 그 결과 기업규모(종업원 수)와 업태(제조업 또는 서비스업)에 따라 린6시그마 성공요인의 중요도는 차이가 없는 것으로 나타났다. 그러나 린6시그마 성공요인은 통합활용단계에 따라 차이가 있는 것으로 나타났으며, 정착단계로 갈수록 성공요인의 수준이 높아지는 것을 확인하였다. 그리고 린6시그마 성공요인이 기업성과에 미치는 영향은 운영성과와 비용성과에 모두 긍정적인 영향을 미치는 것으로 나타났다. 〈표 3-34〉는 연구가설의 검정에 대한 요약 결과를 나타낸다.

〈표 3-34〉 가설검정 결과의 요약

가설	가설의 내용	검정 방법	채택 여부
I	린6시그마 성공요인은 기업환경에 따라 차이가 있을 것이다.	분산분석(ANOVA), 독립표본 t검정	기각
II	린6시그마 성공요인은 통합활용단계에 따라 차이가 있을 것이다.	분산분석	채택
III	린6시그마 성공요인은 기업성과에 긍정적인 영향을 미칠 것이다.	회귀분석	채택

(1) 가설 I : 린6시그마 성공요인과 기업환경

린6시그마 성공요인은 예상과 달리 기업환경에 따라 차이가 없는 것으로 나타났다. 기업규모(종업원 수)에 따라 차이가 나타나지 않은 것은 6시그마가 처음 대기업을 중심으로 도입되었으나 지금은 중소규모 기업까지 확산되어 있음이 반영된 결과로 보인다. 또한 응답기업의 82.9%가 제조업이었으며 TPS를 기반으로 하고 있는 린(Lean) 활동은 전혀 새로운 개념이 아니라 제조업에서 오래 전부터 프로세스에 대한 표준관리와 현장 중심의 소집단 활동과 같은 유사한 활동들을 추진해 왔기 때문인 것으로 보인다. 또한 제조업과 서비스업의 업태에 대한 차이가 나타나지 않은 것은 서비스업으로 응답한 기업이 전체 응답기업에서 차지하는 비율이 상대적으로 낮았으나, 이 중 종업원 수 1,000명 이상인 초대규모기업의 응답비율이 약 67%를 점유하여 조사된 서비스 기업들의 린6시그마 인프라 수준이 제조업 수준으로 높았을 것으로 보인다.

(2) 가설 II : 린6시그마 성공요인과 통합활용단계

린6시그마 성공요인은 통합활용단계별로 차이가 있는 것으로 나타났다. 경영층의 리더십, 6시그마 인프라 그리고 린 인프라가 모두 기반구축 단계에서 실행단계를 거쳐 정착단계로 갈수록 수준이 높아지는 것으로 나타났으며, 분산분석결과 통계적으로 유의한 차이가 있는 것으로 나타났다. 이는 린6시그마를 지속적으로 추진하는 과정에서 성공요인의 수준이 더욱 향상되고 따라서 기업성과에 미치는 긍정적인 영향도 커질 것이라는 것을 짐작하게 한다. 이는 기업에서 린6시그마를 단지 문제해결도구로 인식하는 것 보다는 장기적인 관점에서 전략적이고 체계적이며 지속적으로 추진함으로써 기업의 성과를 극대화시켜 나갈 수 있음을 의미한다.

(3) 가설 Ⅲ : 린6시그마 성공요인과 기업성과

린6시그마 성공요인과 기업성과에 대한 회귀분석 결과, 린6시그마는 기업의 운영성과와 비용성과에 긍정적인 영향을 미치는 것으로 나타났다. 또한 각각의 린6시그마 성공요인에 대한 측정변수들은 모두 기업성과에 유의한 영향을 나타내었다. 이는 린6시그마의 추진이 기업성과를 향상시킬 수 있음을 실증적으로 확인한 것이며, 본 연구의 방향과도 일치한다. 그러나 성공요인들 중 린 인프라와 경영층의 리더십은 기업성과에 유의한 영향을 미치는 것으로 나타났으나, 6시그마 인프라가 기업성과에 유의하지 않게 나타난 부분에 대하여 주의를 기울여야 하겠다. 이는 린6시그마 성공요인으로 도출한 요인들 간의 다중공선성 문제가 작용된 것으로 보인다. 본 연구에서는 우리나라에서 6시그마가 린 방식보다 시기적으로 먼저 활발하게 도입되었으므로 기존의 6시그마 인프라에 추가로 린 인프라를 성공요인으로 도출하여 접근하였다. 그러나 다중공선성의 문제는 린6시그마 추진 기업의 리더 관점에서 6시그마 인프라와 린 인프라가 린6시그마 인프라라는 동일 범주에서 인식될 수도 있음을 의미하는 것으로 보이며, 이는 정착단계로 갈수록 각각의 인프라 구분이 더 어려워질 수 있을 것으로 보인다.

또 다른 측면으로 본 연구에서의 조사대상자를 린6시그마 추진을 실무적으로 담당하는 리더들을 대상으로 한 부분이 작용된 것으로 보인다. 실제 본 연구자가 6시그마 MBB 양성을 위한 한 교육과정에서 참가자들을 대상으로 인터뷰를 해 본 결과, 6시그마 추진리더들은 6시그마를 오랫동안 추진하는 과정에서 새로운 개선과제를 찾아내고 엄격한 프로세스를 따르는 6시그마 프로젝트를 반복 추진하는 것에 대해 상당한 심리적 부담을 느끼고 있음을 알 수 있었다. 이는 린과 6시그마를 통합 활용하는 기업의 추진리더들 관점에서, 린 활동은 6시그마보다는 덜 엄격한 프로세스를 갖는 카이젠 이벤트와 같은 절차를 통해 추진될 수 있고 또한 복잡한 통계의 해석을 필요로 하지 않는다는 점에서 추진상의 심리적 부담이 상대적으로 적을 수 있기 때문에 린6시그마가 린 중심의 활동으로 인식될 수 있음을 의미한다. 이에 대하여 6시그마를 우리나라에 처음 도입한 기업으로 알려진 'L'사의 경우 린과 6시그마를 통합 활용하면서 6시그마활동과 린6시그마 활동을 별개로 구분하고 있으며, 린6시그마의 경우 린 중심의 낭비제거 활동으로 규정하고 별도의 추진절차를 운영하고 있는 것도 이러한 해석을 가능하게 한다고 본다.

2) 연구의 시사점

본 연구의 결과가 기여하는 점과 시사하는 점을 정리하면 다음과 같다.

(1) 린6시그마 성과의 실증적 접근

그동안 린(Lean)과 6시그마(Six Sigma)의 장점을 결합한 통합혁신방법론으로서의 린6시그마 활용에 대한 필요성과 개념 및 성공요인에 관한 연구가 있어 왔으나, 우리나라 기업에서 린6시그마 성공요인이 기업성과에 어떠한 영향을 미치는지에 대한 실증연구는 찾아보기 어려웠다. 본 연구는 실제 다수의 린6시그마 추진기업들을 대상으로 조사가 필요한 실증연구의 어려운 상황에서도 기업규모와 업태를 고려한 광범위한 조사의 노력을 기울였으며, 우리나라에서 린6시그마 추진과 기업성과간의 관계를 실증적으로 규명하였다. 먼저 이론적 고찰을 바탕으로 린6시그마 성공요인을 도출하고 기업성과와 연계하여 실질적으로 린6시그마를 추진하는 리더들을 대상으로 실증분석을 하였다. 이를 통하여 린6시그마 성공요인이 기업성과에 긍정적인 영향을 미치는 것을 규명함으로써 린6시그마 추진기업과 동 주제의 연구자들에게 이론적 토대와 올바른 실행 방향을 제시하였다. 이는 그동안 6시그마경영을 활발하게 도입하여 활용해 온 우리나라 기업들에게 린6시그마가 더욱 발전된 경영혁신활동으로 활용될 수 있음을 제시하여 준 연구라고 할 수 있다.

(2) 린6시그마의 광범위한 적용 가능성

린6시그마 성공요인이 기업규모나 업태와 같은 환경요인에 의해 차이가 나타나지 않은 것은 중소규모의 기업에서도 충분히 린6시그마 추진을 통해 기업성과를 향상시킬 수 있음을 시사한다. 6시그마활동은 주로 블랙벨트(Black Belt)를 중심으로 한 톱 다운(Top - down) 방식의 활동으로서 블랙벨트 양성에 많은 교육 및 훈련기간이 소요되고 혁신적인 성과창출을 위해 '풀타임(Full time)' 활동이 요구되는 상황은 중소규모기업에서 적용하기에 자원투입의 제약사항이 많았다. 이에 비해 현장 중심의 카이젠(Kaizen) 같은 보텀 업(Bottom - up) 방식의 개선활동이 중심이 되는 린(Lean) 방식이 결합된 린6시그마는 중소규모기업에서 6시그마를 개별적으로 활용하는 것보다 더 효과적인 방법이 될 수 있음을 시사한다. 또한 린6시그마 성공요인이 서비스업에서도 제조업과 다르지 않게 나타난 것은 서비스업에서도 충분히 적용 가능함을 의미하며 서비스부문으로 산업구조가 빠르게 변화되고 있는 우리나라에서 시사하는 바가 크다고 할 수 있다.

(3) 지속적 혁신전략으로서의 린6시그마

린6시그마 성공요인은 기업성과에 긍정적인 영향을 미치며, 린6시그마 성공요인의 수준이 기반구축단계보다 실행단계와 정착단계로 갈수록 높아지는 것은 린6시그마를 단기적인 관점의 문제해결도구로의 활용이 아니라 장기적인 관점에서 지속적으로 추진할 필요가 있음을 의미한다. 이는 제너럴 일렉트릭에서 6시그마를 성공적으로 정착시키기 위해 조직의 DNA로 규정하고 조직 문화로 승화시키기 위한 장기적인 노력이 있었으며, TPS가 도요타 창업 이후 일관된 리더십과 오랜 기간 각고의 노력을 통해 이룩되었다는 점을 상기하게 한다. 우리나라 기업들도 고객가치와 함께 높은 기업성과를 창출하고 글로벌 시장을 리드할 수 있는 초일류 기업으로 나아가기 위해서는 크고 담대한 비전과 목표를 설정하고, 린6시그마와 같은 전략과 방향이 일치된 변화와 혁신활동의 일관된 추진을 통한 지속적인 노력이 필요할 것이다. 이를 위해서는 체계적인 린6시그마 추진전략을 수립하고 실행의 지속적 검토와 전략연계의 반복적인 사이클을 통하여 기업문화로 내재화함으로써 린6시그마가 기업의 경쟁우위 요소로 작용될 수 있을 것으로 본다.

3) 연구의 한계와 향후 방향

　본 연구의 한계점과 향후 연구방향으로는 첫째, 표본자료의 조사에 많은 노력을 기울였음에도 불구하고 수집대상이 특정 산업교육기관의 6시그마관련 교육을 수료하거나 참석한 사람으로 제한되어 연구됨으로써, 린6시그마를 추진하는 대표기업들이 자료에 포함되지 않았을 수 있기 때문에 향후에는 보다 광범위한 표본조사와 기업환경 요인에 대한 다양한 각도에서 연구가 이루어지도록 하여야 할 것이다. 둘째, 린6시그마 성공요인에서 6시그마 인프라와 린 인프라를 구분하여 접근하였으나, 이는 통합활용단계의 기간이 길어질수록 각각의 인프라를 구분하는 것이 어려워질 수 있으며 또한 요인 간에 다중공선성이 나타날 수 있으므로 향후에는 통합적 관점에서 린6시그마 인프라 요소에 대한 구체적인 연구가 필요할 것이다. 셋째, 본 연구에서는 실질적으로 6시그마 추진기업, 린 방식 추진기업 그리고 린6시그마 추진기업을 구분하는 것에 대한 어려움이 있어 린6시그마를 추진하는 경우와 기존의 6시그마 또는 린 방식을 단독으로 추진하는 경우와의 차이 비교는 이루어지지 않았으나, 향후에는 이러한 비교 연구도 좋은 주제가 될 것으로 본다. 넷째, 기업성과에 대한 측정이 프로세스의 운영성과와 비용성과 측면에서 이루어진 부분에 대하여 향후에는 보다 다양한 관점에서 기업성과를 정의해 보고 인과관계를 연구해 보는 것도 필요할 것이다. 마지막으로 본 연구에서는 린6시그마의 성공요인을 경영층의 리더십, 6시그마 인프라 그리고 린 인프라로 설정하여 분석하였으나, 향후 연구에서는 보다 다양한 성공요인을 도출하여 비교·분석한다면 좋은 연구주제가 될 것으로 본다.

김명호, 기업의 사례를 통한 기업사례 경영학, 두남, 2005.

김수욱·김승철·김희탁·성백서, 서비스 운영관리, 한경사, 2007.

김재룡, "품질경영혁신기법의 이행수준이 품질원가와 경영성과 간의 관계에 미치는 영향", 박사학위논문, 서강대 대학원, 서울, 2004.

김혜정, "Six Sigma 도입전략과 수행성과에 관한 실증연구", 박사학위논문, 국민대 대학원, 서울, 2006.

김희탁·유한주·황복주, 통계학, 법문사, 1998.

노재범·이팔훈·이승현, 서비스 이노베이션 엔진 6시그마, 삼성경제연구소, 2005.

다이아몬드사 6시그마연구회, 권재진·이병희 옮김, 기업회생의 비밀 6시그마, 새로운 사람들, 2002.

목진환, "도요타생산시스템이 경영성과에 미치는 영향에 관한 연구 - 우리나라 제조기업을 중심으로", 박사학위논문, 상지대 대학원, 원주, 2007.

미토 세쓰오, 김현영 옮김, 오노 다이이치와 도요타 생산방식, 미래사, 2003.

박철순·Ghoshal S., 세계수준의 한국기업에 도전한다, 21세기북스, 2003.

박성현·박영현, 통계적 품질관리, 민영사, 2000.

박성현, "린6시그마 추진방법", 품질혁신 e-mail교육 제61호~

제70호, 중소기업청 & 대한상공회의소 싱글PPM 품질혁
　　　신추진본부, 2005.
배신규, "KT 식스시그마 경영혁신 - Case study", 한국시그마경
　　　영연구회, 2005, pp.95 - 128.
배영일, "6시그마경영의 이해와 실천", CEO 인포메이션, 삼성
　　　경제연구소, 2002.
삼성SDS, 6시그마 Green Belt 과정(DMAIC), 삼성SDS 멀티캠퍼
　　　스, 2005
신동설, "블랙벨트를 통해 본 6시그마 성공의 핵심요인에 관한
　　　실증적 연구", 박사학위논문, 단국대 대학원, 서울, 2001.
신동설·안영진, "블랙벨트를 통해 본 6시그마 성공의 핵심요
　　　인에 관한 실증적 연구", 품질경영학회지 제31권 제4호
　　　/81, 2003, pp.81 - 94.
안영진, "한국에서의 6시그마 - 성공과 실패", 한국생산관리학회
　　　지 제14권 제3호, 2004, pp.101 - 119.
안영진, 서비스 6시그마, 박영사, 2004.
안영진·유영목·홍석기, 생산운영관리, 박영사, 2005.
안영진, 변화와 혁신, 박영사, 2007.
양종곤·장대성, 린 엔터프라이즈 실행 로드맵, 한국표준협회컨
　　　설팅, 2005.
양종곤, "린 식스시그마 연구회 사례집 - Lean enterprise", 한국
　　　산업경영시스템학회, 2005, pp.95 - 107.
오노 다이이치, 김현영 옮김, 도요타 생산방식, 미래사, 2007.
와카마츠 요시히토, 심경립 옮김, 혁신사관학교 도요타 가이젠
　　　노하우, 홍익출판사, 2007.
원석희, 서비스 품질경영, 형설출판사, 1998.
이경환, 초우량기업의 생산혁신, ㈜유나이티드컨설팅그룹, 1994.
이레테크 미니탭사업팀, 새 Minitab 실무완성, 2004.
이범재, "6시그마성공 결정요인이 품질성과에 미치는 영향에

관한 실증연구 – 한국전자산업 중심으로”, 박사학위논문, 아주대 대학원, 2004.

이승현·박광태, “6시그마 문헌연구 – 국내 연구를 중심으로”, 품질경영학회지 제35권 제1호/97, 2007, pp.97 – 112.

이재식, “6시그마경영의 성공요인에 관한 실증적 연구”, Productivity Review, Vol.20, No.1, Feb. 2006, pp.101 – 127.

이학종, 경영혁신과 조직개발, 법문사, 2004.

이형석, 실증연구방법, 한경사, 2006.

정일구, 도요타처럼 생산하고 관리하고 경영하라, 시대의 창, 2004.

정찬호, “린 식스시그마 연구회 사례집 – 공공부문에서의 린식스시그마 적용방안”, 한국산업시스템경영학회, 2005, pp.85 – 94.

한국생산성본부, Performance measurement – Measure up by Richard L. Lynch & Kelvin F. Cross, 한국생산성본부, 1998.

한국생산성본부, 생산성경영체제 등급평정기준개발연구, 한국생산성본부, 2004.

한국생산성본부, LEAN – 6시그마 컨퍼런스 – 이제까지의 6시그마는 잊어라, 한국생산성본부, 2006.

한국생산성본부, LEAN 6시그마리더, 한국생산성본부, 2007.

황인극·이동주, “린 식스시그마 연구회 사례집 – Value stream mapping 소개”, 한국산업시스템경영학회, 2005, pp.23 – 43.

맵(MAP)자문교수단, 말콤볼드리지 성공법칙, 김영사, 2005.

Albrecht, K. and Zemke R., Service America in the New Economy, 장정빈 옮김, 도서출판 물푸레, 2003.

Andersson, R., Eriksson H. and Torstensson H., “Similarities and differences between TQM, six sigma and lean”, *The TQM Magazine* Vol.18 No.3, 2006, pp.282 – 296.

Antony, J., “Six sigma for service processes”, *Business Process*

Management Journal Vol.12 No.2, 2006, pp.234 – 248.

Arnheiter, E. D. and Maleyeff J., "The integration of lean management and six sigma", *The TQM Magazine* Vol.17 No.1, 2005, pp.5 – 18.

Barney, M. and McCarthy T., The New Six Sigma: A Leader's Guide to Achieving Rapid Business Improvement and Sustainable Results, 오인수 옮김, 시그마프레스, 2004.

Bendell, T., "A review and comparison of six sigma and the lean organizations", *The TQM Magazine* Vol.18 No.3, 2006, pp.255 – 262.

Blakeslee, J. A. Jr., "Implementing the six sigma solution", *Quality Progress,* July 1999, pp.77 – 85.

Bossidy, L., Charan R. and Burck C., Execution: The Discipline of Getting Things Done, 김광수 옮김, 21세기북스, 2004.

Crino, S. T., McCarthy D. J. and Carier J. D., "Lean six sigma for supply chain management as applied to the army rapid fielding initiative", *Systems Conference,* 2007 1st Annual IEEE, April 2007, pp.1 – 7.

Crosby, P., Quality is Free, *McGraw – Hill,* 1979.

Dahlgaard, J. J. and Dahlgaard – Park S. M., "Lean production, six sigma quality", TQM and company culture, *The TQM Magazine* Vol.18 No.3, 2006, pp.263 – 281.

Darwin, C., On the Origin of Species by Means of Natural Selection, 홍성표 옮김, 홍신문화사, 2007.

Feigenbaum, A. V., Total Quality Control, New York, *McGraw – Hill,* 1961.

Foster, R. and Kaplan S., Creative Destruction: Why Companies That Are Built to Last Underperform the Market – And How to Successfully Transform Them, 정성묵 옮김, 21세

기북스, 2003.

Fornari A. and Maszle, G., 배영일 옮김, Lean Six Sigma Leads Xerox, *Six Sigma Forum Magazine*, 2004.

George, M. L., Lean Six Sigma: Combining Six Sigma Quality with Lean Speed, New York, *McGraw − Hill,* 2002.

George, M. L., Lean Six Sigma for Service, New York, MaGraw − Hill, 2003.

Gupta, P., Six Sigma Business Scorecard, 박성용 · 김정민 · 허의숙 옮김, Nemo Books, 2005.

George M. L. et al., Lean Six Sigma Pocket Tool Book, 삼일 Pwc컨설팅 린 시그마그룹 옮김, Nemo Books, 2007.

Hahn, G. J. et al., "The impact of six sigma improvement glimpse into the future of statistics", *The American Statistician 53,* August 1999, pp.208 − 215.

Harry, M. J., "Six sigma: A breakthrough strategy for profitability", *Quality Progress* v.31 no.5, 1998, pp.60 − 64.

Harry, M. J and Schroeder R., Six Sigma: The Breakthrough Management Strategy Revolutionizing the World's Top Corporations, 안영진 옮김, 김영사, 2000.

Harry, M. J and Linsenmann D. R., The Six Sigma Fieldbook: How DuPont Successfully Implemented the Six Sigma Breakthrough Management Strategy, 안영진 옮김, 한국표준협회미디어, 2006.

Hidetoshi, K., 도요타생산방식 전개매뉴얼: 스텝식 체크리스 포함, 강명상 · 김신인 · 이경근 · 주창길 옮김, 한국표준협회미디어, 2005.

Ishikawa, K., "Guide to Quality Control", *Asian Productivity Organization,* Tokyo, 1976.

Jacobson J., Lean for Process Improvement, Case Studies in

Healthcare, *The American Society for Quality*,2008.

Kaplan, R. S. and Norton D. P., "Using the balanced scorecard as a strategic management system", *Harvard Business Review,* January－February 1996, pp.75－85.

Kazutoshi, M., "LEAN－6시그마에 의한 과제해결의 실천", 한국생산성본부, 2006, pp.3－31.

Kroslid, D., "Six sigma and lean manufacturing: A merger for world class performance, but is it really talking place?", *The Asian Journal on Quality*/Vol.2, No.1, 2001, pp.87－105.

Levitt, T., "Production－line approach to service", *Harvard Business Review,* September－October 1972.

Liker, J., The Toyota Way, 김기찬 옮김, 가산북스, 2005.

Liker, J and Meier D., The Toyota Way Fieldbook, 양종곤·김기찬·강창열 옮김, 가산출판사, 2007.

Low, J. and Kalafut P. C., Invisible Advantage: How Intangibles Are Driving Business Performance, 한상완·정진철·최승준 옮김, 청림출판, 2004.

Lucas, J. M., "The essential six sigma: How successful six sigma implementation can improve the bottom line", *Quality Progress, January* 2002, pp.27－31.

Masaharu, S. and Hideharu K., 도요타 최강경영, 고정아 옮김, 일송미디어, 2004.

Massachusetts Institute of Technology, Production operations level transition－to－lean roadmap Version1.0, *Lean Advancement Initiative,* 2000.

Massachusetts Institute of Technology, Transitioning to a lean enterprise: A guide for leaders VolumeⅠ Executive overview, *Lean Advancement Initiative,* 2000.

Massachusetts Institute of Technology, Transitioning to a lean enterprise: A guide for leaders Volume Ⅱ Transition－to－lean roadmap, *Lean Advancement Initiative,* 2000.

Massachusetts Institute of Technology, Transitioning to a lean enterprise: A guide for leaders Volume Ⅲ Roadmap explorations, *Lean Advancement Initiative,* 2000.

Massachusetts Institute of Technology and University of Warwick, Lean enterprise self－assessment tool Version1.0, *Lean Advancement Initiative,* 2001.

Pande, P. S., Neuman R. P. and Cavanagh R. R., The Six Sigma Way: How GE, Motorola and Other Top Companies are Honing Their Performance, 신완선·고기전 옮김, 도서출판 물푸레, 2002.

Proudlove, N., Moxham C. and Boaden R., "Lessons for lean in healthcare from using six sigma in the NHS", *Public Money and Management,* Volume 28, Issue 1, 2008, pp.27－34.

Satoshi, H., Toyota 무한성장의 비밀, 금대연 옮김, 동양문고, 2003.

Setijono, D. and Dahlgaard J. J., "The added－value metric: A complementary performance measure for six sigma and lean production", *The Asian Journal on Quality,* Vol.8, No.1, 2007, pp.1－14.

Shingo, S., Study of "Toyota" Production System from the Industrial Engineering Viewpoint, 한국생산성본부 옮김, 한국생산성본부, 1992.

Tapping, D. and Shuker T., Value Stream Management for the Lean Office, New York, *Productivity Press,* 2003.

Thompsen, J. A., "Gaining greater benefit from lean six sigma and leadership initiatives within the military", *Engineering Management Conference,* 2005 Proceedings, 2005 IEEE

International, Volume 2, 2005, pp.846 − 850.

Tonini, A. C., Laurindo F. J. B. and Spinola M. M., "An application of six sigma with lean production practices for identifying common causes of software process variability", *Management of Engineering and Technology*, Potland International Center, August 2007, pp.2482 − 2490.

Womack, J. P., Jones, D.T. and Roos, D., The Machine that Change the World, New York, *Rawson Associates(Macmillan)*, 1990.

Womack, J. P and Jones D. T., Lean Thinking, 송한식 옮김, 바다출판사, 2006.

Yoshihito, Y., 현장에서 바로 실천하는 도요타웨이, 우성주 옮김, 새로운 제안, 2005.

유선우

▌약 력

저자는 한국생산성본부(KPC) LEAN컨설팅센터의 전임전문위원으로 활동하면서 공
공, 서비스, 제조 분야의 다양한 산업에서 6시그마와 린6시그마 컨설팅을 수행하였
다. 또한 KPC 6시그마/미니탭/품질혁신 부문의 공개 교육과정에 대한 강의와 관련
연구활동을 병행하고 있다. 이전에 OpenTide Korea, 삼성테크윈, SK네트웍스에서
근무하였으며, 단국대에서 생산운영관리 전공으로 경영학 박사학위를 받았다.
메일: swyou@paran.com

린6시그마(LSS)는
기업성과에 어떻게 영향을 미치는가?

초판인쇄 | 2009년 8월 20일
초판발행 | 2009년 8월 20일

지은이 | 유선우
펴낸이 | 채종준
펴낸곳 | 한국학술정보㈜
주 소 | 경기도 파주시 교하읍 문발리 파주출판문화정보산업단지 513-5
전 화 | 031) 908-3181(대표)
팩 스 | 031) 908-3189
홈페이지 | http://www.kstudy.com
E-mail | 출판사업부 publish@kstudy.com

등 록 | 제일사-115호(2000. 6. 19)
가 격 | 22,000원

ISBN 978-89-268-0242-7 93320 (Paper Book)
       978-89-268-0243-4 18320 (e-Book)

이담
Books 는 한국학술정보(주)의 지식실용서 브랜드입니다.